教师口语技能

主　编　张颖炜　翟方曙

编写人员（按音序排列）

丰　竞　翟方曙

张　颖　张颖炜

南京大学出版社

图书在版编目(CIP)数据

教师口语技能 / 张颖炜，翟方曙主编. -- 南京：
南京大学出版社，2021.11(2023.2重印)

ISBN 978 - 7 - 305 - 24700 - 2

Ⅰ. ①教… Ⅱ. ①张… ②翟… Ⅲ. ①汉语－口语－
教材 Ⅳ. ①H193.2

中国版本图书馆 CIP 数据核字(2021)第 141088 号

出版发行　南京大学出版社
社　　址　南京市汉口路 22 号　　　　邮　编　210093
出版人　金鑫荣

书　　名　**教师口语技能**
主　　编　张颖炜　翟方曙
责任编辑　刁晓静　　　　　　　　编辑热线　025 - 83592123

照　　排　南京南琳图文制作有限公司
印　　刷　江苏扬中印刷有限公司
开　　本　787×960　1/16　印张 8.25　字数 150 千
版　　次　2021 年 11 月第 1 版　2023 年 2 月第 2 次印刷
ISBN 978 - 7 - 305 - 24700 - 2
定　　价　23.00 元

网址：http://www.njupco.com
官方微博：http://weibo.com/njupco
微信服务号：njuyuexue
销售咨询热线：(025) 83594756

前　言

　　语言表达和交流是教育工作的重要载体和必要纽带,因此,口语表达技能是师范专业学生必须掌握的一项基本技能。"教师口语"课程承担着训练学生运用普通话进行口语教学的任务,是培养学生口语表达技能的重要阵地。本教材的建设对"提高学生口语表达能力水平并将之落到实处"这一问题进行了思考,在广泛听取授课教师意见和建议的基础上,吸收理论研究成果、精选语言材料、结合教育教学示例,积极探索教师口语训练的方法和路径,以使教师口语课程的教学质量迈上新台阶。全书分为普通话语音训练、朗读、演讲、教师教学口语、教师教育口语、附录六个部分,结合中小学教育教学的实际,设计具有针对性、实操性的练习。力求通过训练,让学习者在教师口语表达上做到发音响亮、字正腔圆、抑扬顿挫、亲切自然、清晰流畅、准确到位、形象生动。本书可作为各级各类高等院校师范教育专业的教师口语教材,也可作为在职中小学教师提升教师口语技能的教材。

　　由于编者水平有限,书中难免有疏忽、错误之处,恳请读者批评指正。

编　者

2021 年 7 月

目　录

第一章
普通话语音训练

第一节 普通话概述

一、什么是普通话

普通话既是现代汉民族共同语,在汉民族各方言区普遍通用,又是国家通用语言,在其他民族地区普遍使用。

普通话的具体含义是以北京语音为标准音,以北方话为基础方言,以典范的现代白话文著作为语法规范的现代汉民族共同语。

"以北京语音为标准音",这是普通话的语音规范。共同语的语音通常以基础方言代表话的语音系统为标准。北京自 13 世纪以来,一直是全国政治、经济、文化中心,以北京语音为标准音,是历史发展的必然结果。但是,以北京语音为标准音,并不意味着北京话的任何语音成分都是标准音。北京话中的一些土音成分不能进入普通话,北京话中的异读也需要规范读音。

"以北方话为基础方言",这是普通话的词汇规范。现代汉民族共同语在北方方言的基础上形成,北方方言词汇是共同语词汇的基础和主要来源。从13 世纪开始,北方话词汇就随着官话和白话文学传播开来,成为白话文的基础。但是,普通话以北方方言为基础方言,并不意味着北方方言中的所有词语都是普通话的成分。事实上,北方方言内部差异也很大,例如北京人把"傍晚"说成"晚半晌",北方不少地区将"玉米"称为"棒子",将"肥皂"称为"胰子"等。所以,不能把所有北方话的词语都作为普通话的词语。普通话既要排除北方方言中的一些土语成分,也要有选择地吸收其他方言、古代汉语和外国语言中的词语,并不断创造新词语来丰富自己的词汇。

"以典范的现代白话文著作为语法规范",这是普通话的语法规范。"白话文"是相对于"文言文"和"半文半白"的文章而言的;"现代白话文"是相对于"近代白话文"而言的,表现了汉语发展的最新阶段和最新状态;"典范"是相对于"一般"而言的,强调经得起推敲和社会公认。只有那些优秀的文学作品或学术论文、经过集体构思撰写修改而成的重要文件或论著才可以作为普通话的语法规范。

二、普通话与方言

方言是普通话的基础。普通话不是人造语言,其语音、词汇和语法都有所依据的方言基础。

汉语在历史的长河中没有分化为不同的语言,但由于各种原因、各种条件也形成了多种方言。汉语方言到底该分为几大类,至今学术界意见不一。以下七大类是大家公认的:

1. 北方方言

北方方言区包括长江以北地区,长江以南的镇江以西、九江以东的沿江地带,云、贵、川三省,湖北省大部(西南角除外),湖南省西北角以及广西壮族自治区西北部。使用人口约占汉族人口的 73%。

2. 吴方言

吴方言区包括长江以南、镇江以东地区(镇江不包括在内),浙江省大部。使用人口约占汉族人口的 7.2%。

3. 赣方言

赣方言区包括江西省大部(东北沿江地带和南部除外)。使用人口约占汉族人口的 3.3%。

4. 湘方言

湘方言区就是湖南省(西北部除外)。使用人口约占汉族人口的 3.2%。

5. 客家方言

客家方言区包括广东省东部和北部,广西壮族自治区东南部,福建省西部,江西省南部,以及湖南、四川少部分地区。使用人口约占汉族人口的 3.6%。

6. 闽方言

闽方言区包括福建省,台湾地区,海南省一部分,以及广东省潮安、汕头一带。使用人口约占汉族人口的 5.7%。

7. 粤方言

粤方言区包括广东省大部分地区,香港、澳门特别行政区,以及广西壮族自治区的东南部。使用人口约占汉族人口的4%。

不同方言之间的差别有大有小,总的来说,语音上的差别比较大,其次是词汇,语法方面的差异最小。

就汉语来说,不同方言区的人,如果通过书面进行交际,都还不成问题,因为书面载体都是汉字;但口头交际,问题就比较大。一般来说,中国东南省份的方言比较复杂,不同方言区、不同地区的人口头交际的障碍要大一些;而广大的北方地区和西南地区,方言分歧相对来说比较小,不同地区的人彼此基本能进行口头交际。总的来说,方言的存在,给全民族的自由交际带来极大的不便,甚至造成不必要的麻烦。显然,为了使我们的社会能有效地协调与运作,使我们社会的政治、经济、文化、科技等各方面能飞速发展,我们需要一种规范的、全民族都能接受的现代汉民族共同语,即普通话。

普通话不能完全取代方言。"乡音"和"乡情"是密不可分的,方言在特定地区和特定人群中具有其独特的表达作用和联系感情的作用。方言是地方文化的载体之一。在方言区推广普通话,并不是不许讲方言,更不是要消灭方言。推广普通话的主要目的是消除不同方言造成的隔阂,有利于社会交际。

三、普通话语音系统知识

(一) 语音的性质

语音即语言的声音,是人的发音器官发出来的、能够表示一定意义的声音。它不同于自然界的各种声音,也区别于其他动物的声音。语音是语言的三要素(语音、词汇、语法)之一,是语言的物质外壳。

1. 语音的生理属性

语音是人的发音器官协调运动的产物,发音器官及其活动决定着语音的区别。人体的发音器官由动力系统(肺和气管)、声源系统(喉和声带)和共鸣系统(声道)三个部分组成。

2. 语音的物理属性

语音是由人的发音器官通过振动而产生的,因而具有物理属性,每个声音片段都包含了音高、音强、音长和音色四个要素。

(1) 音高。指声音的高低,取决于发音体发出声波的频率,在一定时间内振动快、频率高,声音就高;反之声音就低。语音的高低决定于声带的大小、长短、厚薄、松紧。一般而言,成年男性的音高要比女性和儿童低一个八度左右。汉语中不同的声调,也主要是由音高变化造成的。

(2) 音强。指声音的强弱,取决于发音体发出声波的振幅,声带振动幅度大,声音就强;反之,声音就弱。汉语中的语调与音强关系密切。

(3) 音长。指声音的长短,取决于发音体振动的时间,声带振动的持续时间长,声音就长;反之,声音就短。普通话里的上声和轻声与阴平、阳平、去声在音长方面有明显的不同。

(4) 音色。指声音的特色和本质,也叫音质或音品,取决于发音体振动所形成的音波波纹的曲折形式,即声谱。不同音色的产生主要有三个方面的因素:一是发音体的不同;二是发音方法的不同;三是共鸣器形状的不同。音色既可以区分不同的音素,也可以区分不同的声音色彩。

3. 语音的社会属性

社会属性是语音的本质属性。在一种语言里,存在哪些音、表达什么样的意义,都是约定俗成的。因此,语音可以表现出各自的系统性、鲜明的民族性和独特的地方性。

(二) 语音单位

1. 音素

音素是最小的语音单位。它是从音色的角度划分出来的。一个音节,如果按音色的不同去进一步划分,就会得到一个个最小的各有特色的单位,这就是音素。例如,"爸"(bà)从音色的角度可以划分出"b"和"a"两个不同的音素。"刊"(kān)可以划分出"k、a、n"三个音素。

音素可以分为辅音和元音两大类。辅音是气流经过口腔或咽头受阻碍而形成的音素,又叫子音,如 b、m、f、d、k、zh、s 等;元音是气流振动声带发出声音,经过口腔、咽头不受阻碍而形成的音素,又叫母音,如 a、o、e、i、u 等。

辅音和元音的主要区别有以下四点:

(1) 从受阻与否看:发辅音时,气流通过咽头、口腔的时候受到某个部位的阻碍;发元音时,气流通过咽头、口腔不受阻碍。这是元音和辅音最主要的区别。

(2) 从紧张程度看:发辅音时,发音器官成阻的部位特别紧张;发元音时,发音器官各部位保持均衡的紧张状态。

(3) 从气流强弱看:发辅音时,气流较强;发元音时,气流较弱。

(4) 从响亮度看:发辅音时,声带不一定振动,声音一般不响亮;发元音时,声带振动,声音比辅音响亮。

2. 音节

音节是由音素构成的语音片段,是听话时自然感到的最小的语音单位。每发一个音节时,发音器官的肌肉,特别是喉部的肌肉都明显地紧张一下。每一次肌肉的紧张度增而复减,就形成一个音节。有几次紧张就有几个音节。一个音节可以只有一个音素,如"a"(啊),也可以由几个音素合成。例如"xī'ān"(西安)是两个音节,喉头肌肉有两次紧张。如改为一次紧张,念成xiān,用汉字写下来,就成了"鲜"字,表示的是一个音节。一般来说,汉语一个音节用一个汉字来表示。例外是儿化音节,如"花儿"。

3. 声母、韵母、声调

按照汉语音韵学传统的字音分析方法,把一个字音分成声母和韵母两段,把贯通整个声韵结构的音高叫声调。

声母,位于音节前段,主要由辅音构成。例如,在"好"(hǎo)这个音节里,辅音 h 就是它的辅音声母。有的音节,例如"爱"(ài)开头没有辅音,元音前头那部分就是零,习惯上叫作"零声母",就算是零声母音节。

声母和辅音不是一个概念。虽然声母由辅音充当,但有的辅音不做声母,只做韵尾,如"guāng"(光)中的 ng[ŋ]。辅音 n 既可做声母,也可做韵尾,如"nán"(南)中的两个辅音 n,在音节开头的是声母,在音节末尾的是韵尾。

韵母,位于音节的后段,由元音或元音加辅音构成。例如,在"海"(hǎi)这个音节里,"ai"就是它的韵母。零声母音节里,例如"欧"(ōu),它的韵母就是零声母后面的"ou"。不能把字音"ou"(欧)分成前后两段,把前段"o"叫声母,元音不能做声母,元音只能做韵母的成员。

但是韵母和元音不相等。韵母有的由单元音或复元音构成,如"tā(他)、xiā(瞎)、guài(怪)"中的"a、ia、uai";有的由元音带辅音构成,如"gān(甘)、gēng(耕)、guān(关)"中的"an、eng、uan"。

声调,指的是依附在声韵结构中具有区别意义作用的音高形式。例如"dǐ"(底)的音高,听起来先降到最低然后再升高上去,这种先降后升的音高变化格式,就是音节"dǐ"(底)的声调。

第二节　普通话声母

普通话的音节由声母、韵母和声调三部分组成。声母指音节开头的辅音,传统的名称叫"字头"。普通话有 22 个声母,其中 21 个辅音声母,即 b、p、m、f、d、t、n、l、g、k、h、j、q、x、zh、ch、sh、r、z、c、s,1 个零声母,零声母是指音节开头没有声母,由韵母和声调组成的音节,如"ài(爱)、yí(移)、wǔ(五)、yù(遇)"。辅音的特点是时程短(除擦音外)、音势弱,很容易受到干扰。一般来说,发音的准确度表现在声母上更多,声母是吐字准确清晰的基础,练习普通话发音,必须认真练习声母的发音,努力做到"咬得准、发得清",使整个音节完整、清晰。

一、普通话声母发音

声母是由辅音构成的。辅音发音时,气流经过口腔或鼻腔时要受到阻碍,通过克服阻碍而发出声音。因此,我们可以从两个方面来研究声母的发音:① 发音部位,即气流受到阻碍的部位;② 发音方法,即气流克服阻碍发出声音的方法。

(一) 声母的发音部位

普通话的声母按照发音部位分为七组:

1. 双唇音

由上唇和下唇构成阻碍而形成的音,有 3 个,是 b、p、m。

2. 唇齿音

由上齿和下唇构成阻碍而形成的音,只有 1 个,是 f。

3. 舌尖前音

由舌尖和上齿背构成阻碍而形成的音,有 3 个,是 z、c、s。

4. 舌尖中音

由舌尖和上齿龈构成阻碍而形成的音,有 4 个,是 d、t、n、l。

5. 舌尖后音

舌尖翘起和硬腭前部构成阻碍而形成的音,有 4 个,是 zh、ch、sh、r。

6. 舌面前音

由舌面前部和硬腭前部构成阻碍而形成的音,有 3 个,是 j、q、x。

7. 舌根音

由舌根和软腭构成阻碍而形成的音,有 3 个,是 g、k、h。

(二) 声母的发音方法

声母的发音方法可从三个方面来说明:

1. 克服阻碍的方式

按照发音时气流克服阻碍的方式,普通话的声母分为五类:

(1)塞音。构成阻碍的两个部位完全闭塞。软腭上升,堵塞通向鼻腔的通路。气流经过口腔时冲破阻碍迸裂而出,爆发成声。塞音有 6 个,是 b、p、d、t、g、k。

（2）擦音。构成阻碍的两个部位非常接近,留下窄缝。软腭上升,堵塞通向鼻腔的通路。气流经过口腔时从窄缝挤出,摩擦成声。擦音有 6 个,是 f、h、x、sh、r、s。

（3）塞擦音。构成阻碍的两个部位完全闭塞。软腭上升,堵塞通向鼻腔的通路。气流经过口腔先把阻塞部位冲开一条窄缝,从窄缝中挤出,摩擦成声。先破裂,后摩擦,结合成一个音。塞擦音有 6 个,是 j、q、zh、ch、z、c。

（4）鼻音。口腔里构成阻碍的两个部位完全闭塞。软腭下垂,打开通向鼻腔的通路。气流振动声带,从鼻腔通过。鼻音有两个,是 m 和 n。

（5）边音。舌尖与齿龈相接构成阻碍,舌头两边留有空隙。软腭上升,堵塞通向鼻腔的通路。气流经过口腔,颤动声带,从舌头的两边通过。边音只有 1 个,是 l。

2. 气流的强弱

按照发音时呼出的气流的强弱,普通话声母中的塞音和塞擦音分为两类,就是不送气音和送气音。

（1）不送气音。发音时,呼出的气流较弱。有 6 个,是 b、d、g、j、zh、z。

（2）送气音。发音时,呼出的气流较强。有 6 个,是 p、t、k、q、ch、c。

3. 声带是否颤动

按照发音时声带是否颤动,普通话的声母分为两类,清音和浊音。

（1）清音。气流呼出时,声门打开,声带不颤动,发出的音不响亮。清音有 17 个,是 b、p、f、d、t、g、k、h、j、q、x、zh、ch、sh、z、c、s。

（2）浊音。气流呼出时,振动声带,发出的音比较响亮。浊音有 4 个,是 m、n、l、r。

(三) 声母的发音要领

把声母的发音部位和发音方法结合起来,可以说明普通话 21 个声母是如何发音的。

1. b　双唇、不送气、清、塞音

发音时,双唇紧闭,软腭上升,堵住鼻腔通道,肺部呼出的气流通过喉头,但不振动声带,到达口腔,冲破双唇的阻碍,气流爆发成声。发音时主要是双唇中部着力,集中蓄气,用力发音。

示例:罢　拜　报　辨别　标兵

2. p　双唇、送气、清、塞音

发音的情形与 b[p] 相同,只是爆破发音时气流较强。

示例:怕　派　炮　批评　乒乓

3. m　双唇、浊、鼻音

发音时双唇闭合，软腭和小舌下降，口腔通道受阻，鼻腔通道畅通，肺部呼出的气流通过喉头，振动声带，然后从鼻腔通过形成鼻音。

示例：骂　迈　冒　美满　面目

4. f　唇齿、清、擦音

发音时下唇接近上齿，中间留一条窄缝，软腭上升，堵住鼻腔通道，肺部呼出的气流通过喉头，但不振动声带，气流经过口腔，从唇齿的缝隙间摩擦而出。

示例：法　飞　凤　方法　反复

5. z　舌尖前、不送气、清、塞擦音

发音时舌尖轻抵上齿背形成阻碍，软腭上升，堵住鼻腔通道，肺部呼出的气流通过喉头，但不振动声带，气流将舌尖与上齿背的阻碍冲开一道窄缝，从中挤出，摩擦成声，形成先塞后擦的发音。

示例：杂　在　早　走卒　栽赃

6. c　舌尖前、送气、清、塞擦音

发音的情形与 z[ts]相同，只是发音时气流较强。

示例：擦　菜　草　层次　参差

7. s　舌尖前、清、擦音

发音时舌尖接近上齿背，中间留一条窄缝，软腭上升，堵住鼻腔通道，肺部呼出的气流通过喉头，但不振动声带，气流经过口腔，从舌尖和上齿背的缝隙间摩擦而出。

示例：撒　塞　臊　思索　琐碎

8. d　舌尖中、不送气、清、塞音

发音时舌尖抵住上齿龈，软腭上升，堵住鼻腔通道，肺部呼出的气流通过喉头，但不振动声带，较弱的气流冲破舌尖的阻碍，迸裂而出，爆发成声。

示例：大　代　到　地点　当代

9. t　舌尖中、送气、清、塞音

发音的情形与 d[t]相同，只是爆破发音时气流较强。

示例：踏　太　套　团体　探讨

10. n　舌尖中、浊、鼻音

发音时舌尖抵住上齿龈，软腭和小舌下降，打开鼻腔通道，肺部呼出的气流通过喉头，振动声带，然后从鼻腔通过发出鼻音。

示例：纳　耐　闹　牛奶　农奴

11. l　舌尖中、浊、边音

发音时舌尖顶住上齿龈,软腭上升,堵住鼻腔通道,肺部呼出的气流通过喉头,振动声带,到达口腔,从舌头的两边通过。

示例:辣　赖　烙　联络　劳力

12. zh　舌尖后、不送气、清、塞擦音

发音时舌尖上翘,抵住硬腭前部,软腭上升,堵住鼻腔通道,肺部呼出的气流通过喉头,但不振动声带,较弱的气流把舌尖与硬腭的阻碍冲开一条缝隙,并从中挤出,摩擦成声,形成先塞后擦的发音。

示例:诈　债　照　主张　政治

13. ch　舌尖后、送气、清、塞擦音

发音的情形与 zh[tʂ]相同,只是发音时气流较强。

示例:岔　拆　超　出产　查抄

14. sh　舌尖后、清、擦音

发音时舌尖上翘,接近硬腭前部,中间留一条窄缝,软腭上升,堵住鼻腔通道,肺部呼出的气流通过喉头,但不振动声带,气流从舌尖和硬腭前部的窄缝间摩擦而出。

示例:事　晒　哨　声势　手术

15. r　舌尖后、浊、擦音

发音情况与 sh 相近,只是摩擦比 sh 弱,同时声带振动,气流带音。

示例:日　热　绕　柔软　仍然

16. j　舌面前、不送气、清、塞擦音

发音时舌面前部抬起抵住硬腭前部,软腭上升,堵住鼻腔通道,肺部呼出的气流通过喉头,但不振动声带,较弱的气流把舌面前部与硬腭前部的阻碍冲开一道窄缝,气流从中挤出,摩擦成声,形成先塞后擦的发音。

示例:架　街　建　积极　经济

17. q　舌面前、送气、清、塞擦音

发音的情形与 j[tɕ]相同,只是发音时气流较强。

示例:恰　窃　欠、请求　确切

18. x　舌面前、清、擦音

发音时舌面前部抬起接近硬腭前部,留出窄缝,软腭上升,堵住鼻腔通道,肺部呼出的气流通过喉头,但不振动声带,气流从舌面前部与硬腭前部形成的窄缝中摩擦而出。

示例:下　歇　县　学习　虚心

19. g 舌根、不送气、清、塞音

发音时舌根上抬抵住软腭，形成阻塞，到达口腔，软腭上升，堵住鼻腔通道，肺部呼出的气流通过喉头，但不振动声带，较弱的气流冲破舌根的阻碍，爆发成声。

示例：尬 盖 告 骨干 国歌

20. k 舌根、送气、清、塞音

发音的情形与 g[k] 相同，只是爆破发音时气流较强。

示例：喀 慨 靠 刻苦 宽阔

21. h 舌根、清、擦音

发音时，舌根接近软腭，留出窄缝，软腭上升，堵塞鼻腔通道，肺部呼出的气流通过喉头，但不振动声带，气流从舌根和软腭形成的窄缝中摩擦而出。

示例：哈 害 浩 欢呼 辉煌

（四）零声母

除了以上说的 21 个辅音声母外，普通话还有一些音节不用辅音声母开头，例如"ān（安）、ēn（恩）、áo（熬）、ōu（欧）、áng（昂）"等。这样的音节没有声母，可是语言学家从语音的系统性考虑认为它们有声母，不过不是辅音声母，而是特殊的声母，叫作零声母。有了零声母这个概念，我们就可以说普通话里所有的音节都有声母，都可以分为声母和韵母两部分。汉语拼音的 y 和 w 只出现在零声母音节的开头，它们的作用主要是使音节界限清楚。例如，"yī（衣）、yū（迂）、yān（烟）、yuān（冤）、yāng（央）、wāng（汪）、wēng（翁）、yōng（雍）"等。

二、普通话声母辨正

（一）zh、ch、sh 和 z、c、s

1. 发音辨正

（1）发音。

zh、ch、sh 是舌尖后音，发音时舌头放松，舌尖卷翘起来接触或靠近硬腭前部；z、c、s 是舌尖前音，发音时舌尖平伸，抵住或接近上齿背。

普通话里 zh、ch、sh 和 z、c、s 能区别意义，而吴方言、闽方言、粤方言，还有北方方言的部分地区，都没有 zh、ch、sh 这套声母。还有些方言把普通话里声母是 zh、ch、sh 的字的一部分读成 z、c、s，如天津话、银川话、西安话等。因此，这些方言区的人学习普通话时就要学会 zh、ch、sh 的发音，还要知道普通话里哪些字读 zh、ch、sh,哪些字读 z、c、s。

（2）音节拼合规律。

从音节拼合规律来看,普通话声母 z、c、s 不与韵母 ua、uai、uang 相拼,即韵母是 ua、uai、uang 的字,在 zh、ch、sh 和 z、c、s 两组声母中,只拼 zh、ch、sh。另外,韵母 ong 不能和声母 sh 构成音节。

（3）利用声旁的声母读音进行判断。

形声字声旁声母读作 d、t 的,其声母往往是 zh、ch、sh：

d——摘绽召滞终坠

t——治幢撞

d——蝉阐铛橙佟初颤

t——纯

d——税说擅

t——蛇社始

2. 发音对比练习

（1）单字对比练习。

z—zh　杂—闸　醉—坠　增—争　尊—谆　暂—站　奏—宙

c—ch　才—柴　村—春　蚕—缠　催—吹　窜—串　此—尺

s—sh　苏—书　桑—伤　嗓—赏　伞—闪　搜—收　僧—生

（2）词语对比练习。

z—zh　在职　自传　资助　滋长　遵照　做主　赞助　组装
　　　　罪证　增长　组织　奏章　栽种　增值　诅咒　资质

zh—z　沼泽　著作　正在　职责　铸造　正宗　振作　这则
　　　　治罪　制作　拙作　捉贼　桌子　住在　装载　旨在

c—ch　操场　存储　磁场　此处　辞呈　刺穿　粗茶　彩车
　　　　残喘　残春　餐车　财产　猜出　裁处　侧窗　促成

ch—c　出错　出操　筹措　储存　尺寸　吃醋　持仓　柴草
　　　　除草　陈词　差错　储藏　成才　船舱　穿刺　川菜

s—sh　随时　琐事　扫视　损失　赛事　宿舍　素食　塞上
　　　　私事　四声　损伤　飒爽　缩水　诉说　所属　算术

sh—s　疏松　深思　收缩　哨所　失散　绳索　申诉　深邃
　　　　神速　生死　疏散　书肆　石笋　伸缩　神思　寿司

（二）n 和 l

1. 发音辨正

（1）n 和 l 的相同点。

鼻音 n 和边音 l 都是舌尖中音，即发音部位相同，发音时都是舌尖抵住上齿龈成阻。

（2）n 和 l 的不同点。

鼻音 n 和边音 l 的发音方法不同。n 是鼻音，发音时气流通过鼻腔，由鼻孔呼出，不由口腔呼出。l 是边音，发音时气流从舌头的两旁呼出，不从鼻腔呼出。普通话里 n 和 l 能区别意义，而闽方言、北方方言里的西南话和部分江淮话里 n 和 l 是不分的。有的有 n 没有 l，有的有 l 没有 n，有的 n、l 随便读。例如，"男制服"和"蓝制服"不分，"女客"和"旅客"不分。

（3）音节拼合规律。

从拼合规律看，跟 ou、uen 相拼的声母都是 l，如常用字"楼、漏、论、轮"等；l 跟 ü 相拼的音节多，如常用字"绿、驴、旅、律、吕、率"等，而 n 跟 ü 相拼的音节常用字只有一个"女"；l 跟 ang 相拼的音节多，如常用字"狼、浪"等，n 跟 ang 相拼的音节少，常用字只有一个"囊"；l 跟 iang 相拼的音节多，常用字如"两、凉、亮、良、俩、辆"等，n 跟 iang 相拼的音节少，常用字只有"娘、酿"两个；l 跟 in 相拼的音节多，如常用字"林、临、邻、淋、吝"等，n 跟 in 相拼的音节少，常用字只有一个"您"。

2. 发音对比练习

（1）单字对比练习。

n—l 那—蜡 年—连 娘—凉 脑—老 泥—离
      您—林 宁—灵 内—类 浓—龙 念—恋

（2）组词对比练习。

n—n	奶牛	男女	南宁	那年	年内	暖男	牛奶	恼怒
	泥泞	能耐	忸怩	内能	农奴	奶娘	妞妞	袅袅
l—l	劳碌	冷落	理论	另类	料理	联络	来历	浏览
	兰陵	凌乱	力量	莅临	邻里	拉链	轮流	靓丽
n—l	纳凉	耐力	脑力	逆流	暖流	能量	内陆	奴隶
	年龄	农历	奶酪	女郎	嫩绿	凝练	男篮	闹铃
l—n	理念	辽宁	历年	留念	龙女	流年	冷暖	来年
	蓝鸟	岭南	冷凝	烂泥	老年	老牛	列宁	两难

（三）f 和 h

1. 发音辨正

f 是唇齿音，发音时上齿和下唇内缘接近，气流摩擦成声。h 是舌根音，发音时舌头后缩，舌根抬起接近软腭，气流摩擦成声。南方有些方言没有 f 这个声母，普通话的 f 在闽方言中多数读成 b、p 或 h，湘方言有些地区把 f 读成 h，而粤方言则相反，把普通话里一些读 h 的字（大都是和 u 结合的字，如虎 hǔ、花 huā）也读作 f。

2. 发音对比练习

（1）单字对比练习。

f—h 夫—乎 发—花 飞—灰 房—黄 副—户
　　　烦—环 粉—很 风—哼 反—缓 方—慌

（2）组词对比练习。

f—f	纷繁	佛法	非凡	纷飞	防范	方法	丰富	奋发
	仿佛	付费	发放	繁复	夫妇	防腐	放风	芳菲
h—h	混合	花卉	辉煌	欢呼	皇后	回环	会话	悔恨
	挥霍	荷花	含糊	货号	黄昏	火红	好汉	划痕
f—h	绯红	复活	烽火	凤凰	繁华	符号	发挥	分化
	符合	分红	负荷	粉红	反悔	发货	防火	丰厚
h—f	回复	盒饭	恢复	海风	合肥	伙房	活佛	豪放
	海防	挥发	划分	焕发	话费	红粉	护肤	横幅

（四）r 和 l

1. 发音辨正

r 是舌尖后浊擦音，发音时舌尖翘起接近硬腭前部，形成一条窄缝，声带颤动，气流从缝隙中摩擦而出。l 是舌尖中浊边音，舌尖在上齿龈上轻轻弹一下，声带颤动，呼出气流。普通话 r 声母的字，通常改读成 l 等声母或零声母。

2. 发音对比练习

（1）单字对比练习。

r—l 热—乐 柔—楼 融—龙 如—炉 让—浪 润—论

（2）组词对比练习。

r—r	软弱	仍然	融入	容忍	柔软	冉冉	柔弱	嚷嚷
	荏苒	忍让	荣辱	如若	柔韧	闰日	荣任	人瑞
r—l	人类	热烈	瑞丽	燃料	热量	容量	日历	热恋

　　　　认领　人力　熔炼　日落　热络　熔炉　热浪　染料

（五）j、q、x 和 z、c、s

1. 发音辨正

普通话声母 j、q、x 是舌面前音，z、c、s 是舌尖前音。j、q、x 发音容易出现的问题是：发音部位靠前，接近舌尖前音 z、c、s。在普通话语音系统里，齐齿呼、撮口呼的韵母只同舌面前音 j、q、x 相拼，不同 z、c、s 相拼。也就是说，普通话中，i、ü 前面的声母可以是 j、q、x，但不可能是 z、c、s。

2. 发音练习

j—j	积极	急剧	即将	寂静	加剧	佳绩	艰巨	间接
	究竟	焦急	接近	讲究	经济	紧急	警戒	基建
q—q	齐全	气球	恰巧	前期	悄悄	窃取	亲戚	清泉
	凄切	蹊跷	弃权	牵强	前驱	确切	强权	乔迁
x—x	喜讯	细心	下旬	先行	鲜血	相信	详细	消息
	肖像	谢谢	新鲜	新兴	新型	信息	行星	虚心
j—z	节奏	夹杂	君子	杰作	激增	军姿	佳作	尽早
	机组	抉择	焦躁	尽责	就座	捐赠	救灾	家族
q—c	其次	青菜	清脆	取材	钱财	潜藏	芹菜	起草
	青瓷	器材	谦辞	情操	清仓	浅层	憔悴	青葱
x—s	相似	潇洒	相思	形似	习俗	细碎	徇私	限速
	闲散	香酥	遐思	血色	辛酸	羞涩	线索	逊色

练习

一、词语训练

b	颁布	辨别	斑白	包办	奔波	标兵	版本
p	偏僻	批评	澎湃	乒乓	评判	婆婆	偏颇
m	秘密	面貌	美妙	美满	木棉	明媚	买卖
f	方法	反复	非凡	芬芳	风范	丰富	发奋
z	自在	祖宗	罪责	粽子	自尊	做作	总则
c	仓促	猜测	粗糙	措辞	摧残	苍翠	参差
s	松散	诉讼	思索	琐碎	嫂嫂	搜索	随俗
d	单独	道德	大豆	达到	担当	顶点	带动

t	梯田	天堂	推脱	淘汰	妥帖	贪图	跳台
n	男女	泥泞	恼怒	能耐	牛奶	农奴	扭捏
l	历来	流利	伶俐	联络	拦路	劳力	伦理
zh	庄重	珍珠	指针	主张	追逐	招展	周折
ch	车床	出差	戳穿	超产	拆除	冲茶	长城
sh	设施	时尚	杀伤	上升	山水	手术	生疏
r	人人	仍然	柔软	容忍	闰日	软弱	忍让
j	积极	基建	酒精	拒绝	奖金	胶卷	进军
q	齐全	全球	窃取	请求	强权	亲戚	铅球
x	写信	休学	形象	喜讯	详细	现象	戏谑
g	各国	灌溉	古怪	公告	广告	更改	杠杆
k	可靠	宽阔	困苦	框框	慷慨	开口	坎坷
h	荷花	欢呼	呼唤	火花	航海	憨厚	好坏

二、绕口令训练

（一）双唇音训练

（1）八百标兵奔北坡，炮兵并排北边跑。

　　　炮兵怕把标兵碰，标兵怕碰炮兵炮。

（2）吃葡萄不吐葡萄皮儿，不吃葡萄倒吐葡萄皮儿。

（二）唇齿音 f 和舌根音 h 训练

（1）黑化肥发灰会挥发，灰化肥挥发会发黑。

（2）红凤凰，黄凤凰，粉红墙上画凤凰，凤凰画在粉红墙。

（三）舌尖前音 z、c、s 和舌尖后音 zh、ch、sh 训练

（1）四是四，十是十，十四是十四，四十是四十。十四不是"实事"，四十不是"细席"。要想说对四，舌头碰牙齿；要想说对十，舌头别伸直。

（2）山前有四十四棵涩柿子树，

　　　山后有四十四只石狮子，

　　　山前的四十四棵涩柿子树，

　　　涩死了山后的四十四只石狮子，

　　　山后的四十四只石狮子，

　　　咬死了山前的四十四棵涩柿子树。

（四）舌尖中音训练

（1）念一念，练一练，

　　　n、l的发音要分辨。

　　　l是边音软腭升，

　　　n是鼻音舌靠前。

　　　你来练，我来念，

　　　不怕累，不怕难，

　　　齐努力，攻难关。

（2）蓝衣布履刘兰柳，布履蓝衣柳兰流，兰柳拉犁来犁地，兰流播种来拉耧。

（3）老龙恼怒闹老农，老农恼怒闹老龙。农怒龙恼农更怒，龙恼农怒龙怕农。

（五）舌面前音训练

（1）七加一，七减一，

　　　加完减完等于几？

　　　七加一，七减一，

　　　加完减完还是七。

（2）七巷一个漆匠，西巷一个锡匠。

　　　七巷漆匠用了西巷锡匠的锡，

　　　西巷锡匠拿了七巷漆匠的漆，

　　　七巷漆匠气西巷锡匠用了漆，

　　　西巷锡匠讥七巷漆匠拿了锡。

三、语篇训练

美犹如盛夏的水果，是容易腐败而难保持的。世上有许多美人，他们有过放荡的青春，却迎受着愧悔的晚年。因此，应该把美的形貌与美的德行结合起来。这样，美才会放射出灿烂的光辉。

（节选自弗朗西斯·培根《论美》）

那是力争上游的一种树，笔直的干，笔直的枝。它的干呢，通常是丈把高，像是加以人工似的，一丈以内，绝无旁枝；它所有的丫枝呢，一律向上，而且紧紧靠拢，也像是加以人工似的，成为一束，绝无横斜逸出；它的宽大的叶子也是片片向上，几乎没有斜生的，更不用说倒垂了；它的皮，光滑而有银色的晕圈，微微泛出淡青色。

（节选自茅盾《白杨礼赞》）

中国西部我们通常是指黄河与秦岭相连一线以西，包括西北和西南的十二个省、市、自治区。这块广袤的土地面积为五百四十六万平方公里，占国土总面积的百分之五十七；人口二点八亿，占全国总人口的百分之二十三。

西部是华夏文明的源头。华夏祖先的脚步是顺着水边走的：长江上游出土过元谋人牙齿化石，距今约一百七十万年；黄河中游出土过蓝田人头盖骨，距今约七十万年。这两处古人类都比距今约五十万年的北京猿人资格更老。

节选自《中考语文课外阅读试题精选》中《西部文化和西部开发》

我们的船渐渐地逼近榕树了。我有机会看清它的真面目：是一棵大树，有数不清的丫枝，枝上又生根，有许多根一直垂到地上，伸进泥土里。一部分树枝垂到水面，从远处看，就像一棵大树斜躺在水面上一样。

现在正是枝繁叶茂的时节。这棵榕树好像在把它的全部生命力展示给我们看。那么多的绿呀，一簇堆在另一簇的上面，不留一点儿缝隙。翠绿的颜色明亮地在我们的眼前闪耀，似乎每一片树叶上都有一个新的生命在颤动，这美丽的南国的树！

（节选自巴金《鸟的天堂》）

第三节　普通话韵母发音

韵母是指一个音节中声母后面的部分。普通话中共有 39 个韵母。

一、韵母的结构与分类

普通话韵母的主要成分是元音。韵母可以分为韵头、韵腹、韵尾三个部分。

韵头是主要元音前面的元音，又叫介音。由 i、u、ü 充当，发音总是轻而短，只表示韵母的起点。如 ia、ua、üe、iao、uan 中的 i、u、ü。

韵腹是韵母中的主要元音。充当韵腹的主要元音口腔开度最大、声音最响亮。韵腹是韵母的主要构成部分，由 a、o、e、ê、i、u、ü、-i（前）、-i（后）、er 充当。

韵尾是韵腹后面的音素，又叫尾音。由 i、u 或鼻辅音 n、ng 充当。

韵母中只有一个元音时，这个元音就是韵腹；有两个或三个元音时，开口

· 17 ·

度最大、声音最响亮的元音是韵腹。韵腹前面的元音是韵头,后面的元音或辅音是韵尾。韵腹是韵母的主要成分,一个韵母可以没有韵头或韵尾,但是不可以没有韵腹。

韵母的主要组成部分是元音,但请记住:元音不等于韵母,因为韵母最少有一个元音,也可以由两个或三个元音组成;韵母中也可以由辅音 n 和 ng 来充当韵尾。

根据不同的标准,普通话韵母可以划分出不同的类型。

(一)按照韵母开头元音的发音口形的不同,可以分成四类,又叫"四呼"

开口呼:不是 i、u、ü 或不以 i、u、ü 开头的韵母。

齐齿呼:是 i 或以 i 开头的韵母。

合口呼:是 u 或以 u 开头的韵母。

撮口呼:是 ü 或以 ü 开头的韵母。

(二)按照韵母的内部结构可以分成三类

单元音韵母:由一个元音构成的韵母,又叫"单韵母"。普通话共有 10 个单韵母:a、o、e、ê、i、u、ü、-i(前)、-i(后)、er。

复元音韵母:由两个或三个元音结合构成的韵母,又叫"复韵母"。普通话共有 13 个复韵母:ai、ei、ao、ou、ia、ie、ua、uo、üe、iao、iou、uai、uei。

鼻音尾韵母:元音后面带上鼻辅音构成的韵母,又叫"鼻韵母"。普通话共有 16 个鼻韵母:an、ian、uan、üan、en、in、uen、ün、ang、iang、uang、eng、ing、ueng、ong、iong。

表 1-1　普通话韵母总表

按韵母结构分	按 口 型 分			
	开口呼	齐齿呼	合口呼	撮口呼
单元音韵母	-i[ʅ]-i[ɿ]	i[i]	u[u]	ü[y]
	a[A]			
	o[o]			
	e[ɤ]			
	ê[ɛ]			
	er[ɚ]			

（续表）

按韵母 结构分	按 口 型 分			
	开口呼	齐齿呼	合口呼	撮口呼
复元音韵母		ia[iA]	ua[uA]	
			uo[uo]	
		ie[iɛ]		üe[yɛ]
	ai[ai]		uai[uai]	
	ei[ei]		uei[uei]	
	ao[au]	iao[iau]		
	ou[ou]	iou[iou]		
鼻音尾韵母	an[an]	ian[iɛn]	uan[uan]	üan[yan]
	en[ən]	in[in]	uen[uən]	ün[yn]
	ang[aŋ]	iang[iaŋ]	uang[uaŋ]	
	eng[əŋ]	ing[iŋ]	ueng[uəŋ]	
			ong[uŋ]	iong[yŋ]

二、普通话韵母发音

（一）单元音韵母的发音

单元音韵母由一个元音构成，简称单韵母。普通话共有 10 个单韵母，分为三类：舌面元音 a、o、e、ê、i、u、ü；舌尖元音-i（前）、-i（后）；卷舌元音 er。单韵母发音的特点是舌位、唇形及开口度始终不变。

单元音的不同主要由不同的口形及舌位造成，舌头的升降伸缩、唇形的平展圆敛以及口腔的开合，都可以造成不同形式的共鸣器，因而形成各种不同音色的元音。可以根据以下三个方面来观察元音。

第一，舌位的高低。发音时，舌头高低的部位叫"舌位"，口腔开合的程度叫"开口度"。舌位的高低同开口度的大小有关，舌位越高开口度越小，舌位越低开口度越大。根据舌位的高低和开口度的大小可以把元音分为高元音（如 i、u、ü）、半高元音（如 e、o）、半低元音（如 ê）、低元音（如 a）等。

第二，舌位的前后。以此为标准，元音可以分为前元音（如 i、ü）、央元音（如 e[ə]）、后元音（如 u、o）三种。

第三,圆唇不圆唇。发音时嘴唇拢圆的元音为圆唇元音(如 ü、o),嘴唇不拢圆的元音为不圆唇元音(如 i、ɑ)。

表 1-2　10 个单元音的发音部位和发音方法

舌位唇形		舌面元音							舌尖元音		卷舌元音
		ɑ	o	e	i	u	ü	ê	前	后	
舌位	高低	低	半高	半高	高	高	高	半低			
	前后	央	后	后	前	后	前	前	-i(前)	-i(后)	er
唇形		圆展	展	圆	展	展	圆	圆	展		

1. ɑ[ʌ]　舌面、央、低、不圆唇元音

发音时,口腔张开,舌头自然放平,舌尖接触下齿龈,上下齿微露。打开后声腔,呈半打哈欠状,软腭挺起避免走鼻腔,舌位较低,唇形不圆。

发音时,注意要打开牙关,喉部和下巴放松,气流通畅,舌位避免偏前或靠后。

示例:啊　巴　法　炸　打靶　大厦

2. o[o]　舌面、后、半高、圆唇元音

发音时,口腔半闭,舌头后缩,舌根抬起,舌高点偏后,舌面两边微卷,舌中部凹进。特别要注意 o 和 e 的唇形区别,二者都是后半高元音,但 o 是圆唇音,e 是不圆唇音,唇形是展开的。

示例:薄　颇　模　伯　伯伯　磨破

3. e[ɣ]　舌面、后、半高、不圆唇元音

发音状况与 o 基本相同。与 o 不同的就是发音时唇形不圆,嘴角展开,舌尖稍离下齿背,舌面平,舌高点偏后。发音时,舌根不要动。练习时保持微笑状态,上下齿之间要保持一定距离,这样音才能发得更清晰、更完整。

示例:得　特　乐　歌　割舍　隔热

4. ê[ɛ]　舌面、前、半低、不圆唇元音

发音时,口半开,舌位半低,舌尖前伸使舌尖抵住下齿背,嘴唇不拢圆。在普通话中,ê 只在语气词"欸"中单用。ê 不与任何辅音声母相拼,只构成复韵母 ie、üe,并在书写时省去上面的附加符号"^"。

发音示例参见复韵母(ie、üe)

5. i[i]　舌面、前、高、不圆唇元音

发音时,唇形呈扁平状,舌头前伸使舌尖抵住下齿背,舌中部稍隆起,舌高

点偏前。发这个音时,由于口腔开度较小,声音容易产生摩擦,我们可以尽可能地把口腔打开些,上下齿中间要有一定距离,这样音会发得更清晰。

要注意尽量把嘴角向两边展开些,有意识地延长发音,这样可避免音色偏挤、偏窄。

示例:鼻 劈 第 体 奇迹 仪器

6. u[u] 舌面、后、高、圆唇元音

发音时,口微开,圆唇,舌头后缩,舌面后部高度隆起和软腭相对,舌尖置下齿龈后,声带振动。软腭上升,关闭鼻腔通路。

u是普通话中舌位最后最高的元音,要注意"后音前发",即唇形要圆并且前凸,口腔开度很小。

示例:补 扑 母 复 储户 触目

7. ü[y] 舌面、前、高、圆唇元音

发音时,口微开,圆唇(近椭圆)略向前突,舌头前伸,舌面前部略隆起,舌尖抵住下齿背,声带振动。软腭上升,关闭鼻腔通路。

方言区的学习者要注意ü和i的区别,它们都是前高元音,不同之处在于唇形,ü是圆唇,i是不圆唇。

示例:淤 女 驴 吕 屈居 须臾

8. -i[ɿ] 舌尖、前、高、不圆唇元音

发音时,舌尖前伸,对着上齿背形成狭窄的通道,气流通过不发生摩擦,嘴唇向两边展开。用普通话念"私"并延长,字音后面的部分便是-i[ɿ]。这个韵母只跟z、c、s配合,不和任何其他声母相拼,也不能自成音节。

示例:自 此 四 资 刺字 恣肆

9. -i[ʅ] 舌尖、后、高、不圆唇元音

发音时,舌尖上翘,对着硬腭形成狭窄的通道,气流通过不发生摩擦,嘴角向两边展开。用普通话念"师"并延长,字音后面的部分便是-i[ʅ]。这个韵母只跟zh、ch、sh、r拼合,如"知""吃""诗"的韵母。不与其他声母相拼,也不能自成音节。

示例:职 赤 实 指 指使 支持

10. er[ɚ] 卷舌、央、中、不圆唇元音

er[ɚ]是在[ə]的基础上加上卷舌动作而成。发音时,口腔自然打开(是ɑ[A]的开口度的一半),扁唇,舌头居中央,舌尖向硬腭中部上卷(但不接触),声带振动。软腭上升,关闭鼻腔通路。只能自成音节,不和任何声母相拼。

可以对镜练习,舌尖对着硬腭上部(舌根底稍偏前一点)轻巧地向上一卷。

示例:二 而 儿 贰 尔耳

单元音的发音是练好韵母的基础,练好了这 10 个元音,就可以举一反三,发好复韵母和鼻韵母。

(二)复元音韵母的发音

复元音韵母由两个或三个元音构成,简称复韵母。普通话共有 13 个复韵母:ai、ei、ao、ou、ia、ie、ua、uo、üe、iao、iou、uai、uei。其中用两个元音符号表示首音、尾音的,叫"二合元音"(9 个);用三个元音符号表示首音、中音、尾音的,叫"三合元音"(4 个)。

复韵母的发音特点有二。第一,从一个元音的发音状态快速滑向另一个元音,中间有一串过渡音,气流不中断;第二,同一个韵母的几个元音发音时清晰响亮的程度不同。

根据主要元音所处的位置,复韵母可分为前响复韵母、中响复韵母和后响复韵母。主要元音是发音口腔开口度最大、声音最响亮、持续时间最长的元音,复韵母中其他元音发音轻短或含混模糊。主要元音在前的,叫作前响复韵母;主要元音在后的,叫作后响复韵母;主要元音在中间的,叫作中响复韵母。

复韵母发音时有明显的动程。发音时由一个元音的舌位滑向另一个元音的舌位,自然连贯。

1. 前响复韵母

前响复韵母共有四个:ai、ao、ei、ou。它们的共同特点是前一个元音清晰响亮,后一个元音轻短模糊,音值不太固定,只表示舌位滑动的方向。

(1) ai[ai]。

发音时,a[a]是比单元音 a[A]舌位靠前的前低不圆唇元音。发 a[a]时,口大开,扁唇,舌面前部略隆起,舌尖抵住下齿背,声带振动。发 ai[ai]时,a[a]清晰响亮,后头的元音 i[i]含混模糊,只表示舌位滑动的方向。

示例:爱 摆 拍 卖 卖呆 派差

(2) ao[au]。

发音时,起点元音 a[a]是比单元音 a[A]舌位靠后的后低不圆唇元音。发 a[a]时,口大开,扁唇,舌头后缩,舌面后部略隆起,声带振动。发 ao[au]时,a[a]清晰响亮,后头的元音[u]舌位状态接近单元音 u[u],但舌位略低,只表示舌位滑动的方向。

《汉语拼音方案》规定,为避免字母相混,以 o 表示元音 u[u],写作 ao。

示例:敖 包 抛 锚 逃跑 早操

（3）ei[ei]。

发音时，起点元音是前半高不圆唇元音 e[e]，发 ei[ei]时，开头的元音 e[e]清晰响亮，舌尖抵住下齿背，使舌面前部隆起与硬腭中部相对。从 e[e]开始舌位升高，向 i[i]的方向往前高滑动，i[i]的发音含混模糊，只表示舌位滑动的方向。

示例：被　陪　肥　美　美味　北美

（4）ou[ou]。

发音时，起点元音 o 比单元音 o[o]的舌位略高、略前，唇形略圆。发音时，开头的元音 o[o]清晰响亮，舌位向 u 的方向滑动，u[u]的发音含混模糊，只表示舌位滑动的方向。

示例：欧　剖　某　否　叩首　豆蔻

2. 后响复韵母

后响复韵母共有五个：iɑ、ie、uɑ、uo、üe。它们的共同特点是前面的元音发得轻短，只表示舌位从那里开始移动，后面的元音发得清晰响亮。

（1）iɑ[iʌ]。

发音时，从前高元音 i[i]开始，舌位滑向央低元音 ɑ[ʌ]结束。i[i]的发音较短，ɑ[ʌ]的发音响亮而且时间较长。

示例：亚　俩　家　假　加价　下嫁

（2）ie[iɛ]。

发音时，从前高元音 i[i]开始，舌位滑向前半低元音 ê[ɛ]结束。i[i]发音较短，ê[ɛ]发音响亮而且时间较长。

示例：也　别　撇　灭　姐姐　铁屑

（3）uɑ[uʌ]。

发音时，从后高圆唇元音 u[u]开始，舌位滑向央低元音 ɑ[ʌ]结束。唇形由最圆逐步展到不圆。u[u]发音较短，ɑ[ʌ]的发音响亮而且时间较长。

示例：瓦　挂　跨　画　娃娃　耍滑

（4）uo[uo]。

发音时，从后高元音 u[u]开始，舌位向下滑到后半高元音 o[o]结束。发音过程中，唇形保持圆唇，开头最圆，结尾圆唇度略减。u[u]发音较短，o[o]的发音响亮而且时间较长。

示例：我　多　托　诺　蹉跎　懦弱

（5）üe[yɛ]。

发音时，从圆唇的前高元音 ü[y]开始，舌位下滑到前半低元音 ê[ɛ]，唇形由圆到不圆。ü[y]的发音时间较短,ê[ɛ]的发音响亮而且时间较长。

示例:约 略 决 缺 决绝 绝学

3. 中响复韵母

中响复韵母共有四个:iao、iou、uai、uei。它们共同的发音特点是前一个元音轻短,后面的元音含混,音值不太固定,只表示舌位滑动的方向,中间的元音清晰响亮。

(1) iao[iau]。

发音时,由前高不圆唇元音 i[i]开始,舌位降至后低元音 a[ɑ],然后再向后高圆唇元音 u[u]的方向滑升。发音过程中,舌位先降后升,由前到后。唇形从中间的元音 a[ɑ]开始由不圆唇变为圆唇。

《汉语拼音方案》规定,为避免字母相混,以 o 表示元音 u[u],写作 iao。

示例:要 标 缥 缈 萧条 娇俏

(2) iou[iou]。

发音时,由前高不圆唇元音 i[i]开始,舌位后移且降至后半高元音[o]。这里 o 的实际发音比单元音 o[o]的舌位略高、略前,唇形略圆。然后再向后高圆唇元音 u[u]的方向滑升。发音过程中,舌位先降后升,由前到后。唇形由不圆唇开始逐渐圆唇。

示例:由 缪 刘 丢 救球 琉球

(3) uai[uai]。

发音时,由圆唇的后高元音 u[u]开始,舌位向前滑降到前低不圆唇元音 a[a](即"前 a"),然后再向前高不圆唇元音 i[i]的方向滑升。舌位动程先降后升,由后到前。唇形从最圆开始,逐渐减弱圆唇度,至发前元音 a[a]始渐变为不圆唇。

示例:外 拐 块 怀 外踝 怀揣

(4) uei[uei]。

发音时,由后高圆唇元音 u[u]开始,舌位向前向下滑到前半高不圆唇元音 e[e]的位置,这里 e 的实际发音舌位略靠后靠下,接近央元音[ə]。然后再向前高不圆唇元音 i[i]的方向滑升。发音过程中,舌位先降后升,由后到前。唇形从最圆开始,随着舌位的前移,渐变为不圆唇。

中响复韵母在自成音节时,韵头 i、u 改写成 y、w。复韵母 iou、uei 前面加声母的时候,要省写成 iu、ui,例如"liu(留)、gui(归)"等;不跟声母相拼时,不能省写,用 y、w 开头,写成"you(油)、wei(威)"等。

示例:卫 队 腿 跪 吹灰 会徽

（四）鼻音尾韵母的发音

鼻音尾韵母共有 16 个：an、ian、uan、üan、en、in、uen、ün、ang、iang、uang、eng、ing、ueng、ong、iong。分为两大类：一类是带舌尖鼻音 n 的前鼻音韵母（8 个）；另一类是带舌根鼻音 ng 的后鼻音韵母（8 个）。

鼻韵母的发音要点有两个：一是元音同后面的鼻辅音不是生硬地结合在一起，而是一个有机的统一体。发音时，由元音向鼻辅音过渡，逐渐增强鼻音色彩，最后形成鼻辅音。二是在除阻阶段做韵尾的鼻辅音不发音，鼻韵母的发音不是以鼻辅音为主，而是以元音为主，元音清晰响亮，鼻辅音重在做出发音状态，发音不太明显。

1. 前鼻音尾韵母

（1）an[an]。

发音时，先发 a[a]，舌位降到最低，软腭上升，关闭鼻腔通路。然后软腭下降，打开鼻腔通路，同时舌面前部与硬腭前部闭合，使在口腔受到阻碍的气流从鼻腔里透出。开口度由大渐小，舌位动程较大。

示例：探　陕　蔓　缆　橄榄　舢板

（2）en[ən]。

发音时，起点元音为央元音 e[ə]，舌位居中，舌尖接触下齿背，软腭上升关闭鼻腔通路，发央元音 e[ə]后，软腭下降，打开鼻腔通路，同时舌面前部与硬腭前部闭合，使在口腔受到阻碍的气流从鼻腔里透出。开口度由大渐小，舌位动程较小。

示例：笨　喷　陈　恨　又　粉尘　沉闷

（3）in[in]。

发音时，起点元音是 i[i]，舌尖抵住下齿背，软腭上升关闭鼻腔通路，然后软腭下降，打开鼻腔通路，同时舌面前部与硬腭前部闭合，使在口腔受到阻碍的气流从鼻腔里透出。开口度始终很小，几乎没有变化，舌位动程很小。

示例：心　琴　民　您　薪金　锦鳞

（4）ün[yn]。

发音时，起点元音是前高圆唇元音 ü[y]。与 in 的发音过程基本相同，只是唇形变化不同。唇形从 ü 开始逐步展开，而 in 始终展唇。in、ün 自成音节时，写成"yin(音)、yun(晕)"。

示例：军　陨　勋　群　菌群　熏晕

（5）ian[iɛn]。

发音时，从前高不圆唇元音 i[i]开始，舌位向前低元音 a[a]（前 a）的方向滑降,舌位只降到半低前元音 ê[ɛ]的位置就开始升高。发 ê[ɛ]后,软腭下降,逐渐增强鼻音色彩,舌尖迅速移到上齿龈,最后抵住上齿龈做出发鼻音 n 的状态。

示例:边 棉 恋 烟 前天 浅显

(6) uan[uan]。

发音时,由圆唇的后高元音 u[u]开始,口形迅速由合口变为开口状,舌位向前迅速滑降到不圆唇的前低元音 a[a](前 a)的位置就开始升高。发 a[a]后,软腭下降,逐渐增强鼻音色彩,舌尖迅速移到上齿龈,最后抵住上齿龈做出发鼻音 n 的状态。

示例:碗 湍 酸 船 软缎 换算

(7) üan[yan]。

发音时,由圆唇的后高元音 ü[y]开始,向前低元音 a[a]的方向滑降。介音 ü 轻短,主要元音 a[a]清晰响亮,这里 a 的实际发音舌位略靠后靠上。发完后,紧接着软腭下降,逐渐增强鼻音色彩,舌尖迅速移到上齿龈,抵住上齿龈做出发 n 的状态。

示例:卷 券 玄 员 远远 全权

(8) uen[uən]。

发音时,由圆唇的后高元音 u[u]开始,向央元音 e[ə]的位置滑降,然后舌位升高。发 e[ə]后,软腭下降,逐渐增强鼻音色彩,舌尖迅速移到上齿龈,最后抵住上齿龈做出发鼻音 n 的状态。唇形由圆唇在向中间折点元音滑动的过程中渐变为展唇。

《汉语拼音方案》规定,韵母 uen 和辅音声母相拼时,受声母和声调的影响,中间的元音(韵腹)产生弱化,写作 un。

示例:吨 吞 论 魂 伦敦 春笋

2. 后鼻音尾韵母

(1) ang[aŋ]。

发音时,起点元音是后低不圆唇元音 a[a](后 a),口大开,舌位降到最低,舌尖离开下齿背,舌头后缩,软腭上升,关闭鼻腔通路。从后低元音 a[a]开始,舌面后部抬起,当贴近软腭时,软腭下降,打开鼻腔通路,紧接着舌面后部与软腭相闭合,使在口腔受到阻碍的气流从鼻腔里透出,开口由大渐小,舌位动程较大。

示例:昂 伤 涨 抗 党章 钢厂

（2）eng[əŋ]。

发音时,起点元音是央元音 e[ə]。从 e[ə]开始,舌面后部抬起,贴向软腭。当两者将要接触时,软腭下降,打开鼻腔通路,紧接着舌面后部抵住软腭,使在口腔受到阻碍的气流从鼻腔里透出。开口度由大渐小,舌位动程较小。

示例:疼 圣 碰 能 奉承 风声

（3）ing[iŋ]。

发音时,起点元音是前高不圆唇元音 i[i],舌尖接触下齿背,舌面前部隆起。从 i[i]开始,舌面隆起部位不降低,一直后移,舌尖离开下齿背,逐步使舌面后部隆起,贴向软腭。当两者将要接触时,软腭下降,打开鼻腔通路,紧接着舌面后部抵住软腭,封闭口腔通路,气流从鼻腔透出,口形没有明显变化。

示例:杏 硬 停 请 评定 定型

（4）ong[uŋ]。

发音时,起点元音是后高圆唇元音 u[u],但比 u 的舌位略低一点,舌尖离开下齿背,舌头后缩,舌面后部隆起,软腭上升,关闭鼻腔通路。从 u[u]开始,舌面后部贴向软腭,当两者将要接触时,软腭下降,打开鼻腔通路,紧接着舌面后部抵住软腭,封闭口腔通路,气流从鼻腔里透出。唇形始终拢圆。

《汉语拼音方案》规定,为避免字母相混,以 o 表示开头元音[u],写作 ong。

示例:冲 懂 红 共 空洞 通融

（5）iang[iaŋ]。

发音时,由前高不圆唇元音 i[i]开始,舌位向后滑降到后低元音 a[ɑ]（后 ɑ）,然后舌位升高。从后低元音 a[ɑ]开始,舌面后部贴向软腭。当两者将要接触时,软腭下降,打开鼻腔通路,紧接着舌面后部抵住软腭,封闭口腔通路,气流从鼻腔里透出。

示例:枪 奖 香 娘 想象 亮相

（6）uang[uaŋ]。

发音时,由圆唇的后高元音 u[u]开始,舌位滑降至后低元音 a[ɑ]（后 ɑ）,然后舌位升高。从后低元音 a[ɑ]开始,舌面后部贴向软腭。当两者将要接触时,软腭下降,打开鼻腔通路,紧接着舌面后部抵住软腭,封闭口腔通路,气流从鼻腔里透出。唇形从圆唇在向折点元音的滑动中渐变为展唇。

示例:闯 框 霜 黄 窗框 往往

（7）ueng[uəŋ]。

发音时,由圆唇的后高元音 u[u]开始,舌位滑降到央元音 e[ə]的位置,然后舌位升高。从央元音 e[ə]开始,舌面后部贴向软腭。当两者将要接触时,软腭下降,打开鼻腔通路,紧接着舌面后部抵住软腭,封闭口腔通路,气流从鼻腔里透出。唇形从圆唇在向中间折点元音滑动过程中渐变为展唇。在普通话里,韵母 ueng 不与任何声母相拼,只有一种零声母音节形式 weng。

示例:翁 瓮 蕹 蓊蓊 嗡嗡

(8) iong[yŋ]

发音时,起点元音是舌面前高圆唇元音 ü[y],发 ü[y]后,软腭下降,打开鼻腔通路,紧接着舌面后部抵住软腭,封闭口腔通路,气流从鼻腔里透出。《汉语拼音方案》规定,为避免字母相混,以 io 表示起点元音 ü[y],写作 iong。iang、iong、uang、ueng 自成音节时,韵头 i、u 分别改写成 y、w。

示例:用 雄 窘 琼 炯炯 熊熊

三、普通话韵母辨正

(一) i 和 ü

1. 发音辨正

i 和 ü 都是舌面前高元音,差别只是发音时 i 不圆唇,ü 要圆唇。先发 i 的音,舌位保持不变,慢慢把嘴唇收圆就是 ü。闽方言、客家方言、吴方言和西南一些地区的方言没有单元音 ü,这些地方的人常常把普通话里的 ü 读成 i。

2. 发音对比练习

继续	纪律	谜语	体育	例句	履历	聚集
语气	距离	曲艺	具体	比喻	与其	曲奇
寄语	一律	预计	羽翼	抑郁	雨季	急剧
生育—生意	居住—记住		聚会—忌讳		取名—起名	
于是—仪式	名誉—名义		遇见—意见		舆论—议论	
美育—美意	姓吕—姓李		雨具—以及		区域—歧义	

(二) e 和 o

1. 发音辨正

元音 o 和 e 都是后半高元音,舌位都在口腔后面。根本区别在于 o 是圆唇,e 是不圆唇。可以用唇形变化的方法来联系,掌握它们不同的发音方法。东北方言中有将 o 韵母发成 e 韵母的情况,西南方言中有将 e 韵母发成 o 韵母的情况。

2. 发音对比练习

脖子	老婆	蘑菇	伯父	传播	哥哥	破格

河水　　毒蛇　　记者　　叵测　　波折　　恶魔　　刻薄

（三）ai 和 ei

1. 发音辨正

主要元音的开口度大小不同。由于这两个复元音韵母都是前响复韵母，主要元音位于前位，因此发音时起始舌位的高低就有区别，ai 中的 a 是前低舌位，ei 是前半高舌位。

2. 发音对比练习

白费　　败北　　代培　　败类　　海内
悲哀　　黑白　　擂台　　每袋　　内债
排场—赔偿　　分派—分配　　小麦—小妹　　摆布—北部
奈何—内河　　卖力—魅力　　来生—雷声　　安排—安培

（四）ao 和 ou

1. 发音辨正

主要元音的开口度大小不同。ao 中的 a 是舌面后低不圆唇元音，发音时嘴巴自然打开到最大，然后向圆唇 u 收音，发音时开口度由开向闭逐渐过渡；ou 中的 o 是后半高圆唇元音，发音时开口度由半闭向闭逐渐过渡。

2. 发音对比练习

保守　　刀口　　稿酬　　毛豆　　矛头
酬劳　　逗号　　漏勺　　柔道　　手套
稻子—豆子　　考试—口试　　病号—病后　　高洁—勾结
号叫—吼叫　　小赵—小周　　烧了—收了　　毛利—牟利
牢房—楼房　　老人—搂人　　桃子—头子　　线袄—鲜藕

（五）ia 和 ie

1. 发音辨正

发音时注意主要元音的开口度。这两个韵母都是后响复韵母，所以后音是主要元音，注意发音时 ia 的主要元音舌位低于 ie，因此 ia 发音动程完成时开口度大于 ie。

2. 发音对比练习

家业　　佳节　　假借　　嫁接　　接洽　　野鸭　　截下　　跌价

（六）iao 和 iou

1. 发音辨正

发音要有动程，注意主要元音的开口度要到位（见 ao 和 ou），韵头发音轻短,韵尾发音轻短模糊。

2. 发音对比练习

交流　　娇羞　　料酒　　校友　　要求　　丢掉　　柳条　　牛角

袖标　　油条

求教—求救　　摇动—游动　　药片—诱骗　　耀眼—右眼

生效—生锈　　角楼—酒楼　　消息—休息　　铁桥—铁球

(七) ie 和 üe

1. 发音辨正

ie 和 üe 根本区别在于 ie 是齐齿呼,üe 是撮口呼。

2. 发音对比练习

解决　　谢绝　　灭绝　　月夜　　确切　　学业　　决裂

(八) 鼻音尾韵母辨正

1. 发音辨正

很多方言区的人在发鼻音韵母时,前鼻韵尾-n 的发音部位向后偏移,后鼻韵尾-ng 的发音部位向前偏移,最终前后鼻韵尾的两个发音点重合,形成一个不前不后的接近于舌央的央鼻音,由此这个新的央鼻韵尾就替代了前鼻韵尾和后鼻韵尾。

方言区的人混杂发前后鼻音的现象根深蒂固,他们在发音过程中,韵尾易出现音质趋"软"的发音缺陷,表现为发音无力,听感清晰度差。原因是舌尖或舌根的惰性作怪,其肌肉松弛,与上腭的触碰点松空或让韵尾完全除阻,以韵腹的元音鼻化性质来替代韵尾的鼻辅音性质。除了"软"缺陷以外,后鼻韵母韵尾还易出现音质趋"硬"的发音缺陷,表现为发音吃力,音质听感僵滞。原因是舌头过分后缩或无法后缩,导致发音器官紧张,舌根失去弹性,与软腭的触碰点贴抵得太死或仅以舌面中后部勉强贴抵住上腭。

纠正上述两种发音缺陷,关键在于提高舌尖、舌根运作的弹性和灵活性,这需要进行舌头的操练。

首先将舌头前伸,让舌头翘起触碰上齿龈三下,然后放平舌尖,舌身后缩,让舌根上抬贴碰软腭三下。一前一后,先慢后快,反复交替无声进行。待舌尖、舌根动作练得灵活而有弹性后,让声带颤动发出相应的-n 或-ng 韵尾音,并延长发音时值,增强对韵尾不除阻的感受。

前后鼻音韵母的辨正方法可概括如下:

(1)掌握正确的发音部位,发准前后鼻音韵母。

（2）掌握正确的发音方法，防止发出鼻化韵。

（3）注意前鼻音韵母韵腹的发音位置。

（4）利用声旁字类推区分前后鼻音韵母字。

（5）利用声韵配合规律区分前后鼻音韵母字。

2. 发音对比练习

an—ang

担当　班长　繁忙　反抗　擅长　商贩　当然　账单　方案

开饭—开放　心烦—心房　山口—伤口　坚石—江石

扳手—帮手　女篮—女郎　反问—访问　担心—当心

看家—康佳　战防—账房　闪光—赏光　涂染—土壤

粘贴—张贴　铲子—厂子　烂漫—浪漫　施展—师长

en—eng

真诚　本能　奔腾　神圣　人生　成本　承认　风尘　证人　登门

陈旧—成就　真气—蒸汽　上身—上升　人参—人生

针眼—睁眼　晨风—成风　同门—同盟　瓜分—刮风

出身—出生　粉刺—讽刺　花盆—花棚　生根—深耕

震中—正中　分针—风筝　审视—省市　深沉—生成

in—ing

心情　品行　心灵　民兵　金星　灵敏　清音　平民　精心　定亲

红心—红星　人民—人名　信服—幸福　劲头—镜头

因而—婴儿　临时—零食　禁止—静止　弹琴—谈情

频频—平平　今天—惊天　亲近—清静　金银—晶莹

un—ong

存钱—从前　春分—冲锋　炖肉—冻肉　乡村—香葱

轮子—笼子　吞并—通病　浑水—洪水　村东—冲动

练习

一、词语训练

（一）朗读下列单音节字词

a　　阿拔擦茶搭法哈卡蜡抹拿爬撒沙他它塔踏

o　　波伯博薄佛摸模膜摩磨抹末墨坡颇婆破迫

e	册 车 扯 彻 撤 德 割 革 个 各 喝 和 颌 颗 壳 咳 乐 讷
i	鼻 低 机 己 离 米 泥 皮 期 提 稀 移 遗 疑 倚 义 艺 议
u	补 初 独 夫 胡 炉 母 努 扑 儒 输 速 突 无 吾 吴 族 阻
ü	居 旅 女 取 需 虚 于 余 鱼 愉 与 予 羽 雨 语 玉 育 域
-i(前)	词 此 次 司 丝 私 思 斯 死 四 寺 似 资 姿 兹 滋 子 紫
-i(后)	吃 池 尺 赤 失 师 石 拾 史 氏 之 脂 止 至 志 制 质 治
er	儿 而 尔 耳 饵 二
ai	挨 百 猜 代 带 改 孩 开 来 埋 耐 拍 腮 晒 抬 太 灾 栽
ei	杯 飞 菲 肥 匪 肺 给 黑 雷 累 没 妹 魅 内 胚 培 配 贼
ao	敖 包 操 超 朝 吵 刀 岛 搞 号 考 捞 毛 脑 抛 绕 扫 掏
ou	抽 凑 都 否 勾 喉 抠 口 楼 欧 偶 柔 收 搜 偷 周 走 奏
ia	加 夹 甲 钾 假 驾 价 嫁 恰 虾 瞎 侠 下 压 押 鸭 鸦 牙
ie	别 爹 叠 阶 节 解 介 咧 列 灭 捏 且 切 贴 铁 些 歇 协
ua	瓜 刮 寡 挂 华 滑 化 划 画 夸 垮 跨 刷 耍 挖 娃 瓦 抓
uo	搓 多 郭 活 阔 罗 若 说 缩 托 窝 桌 昨 左 做 作 坐 座
üe	决 角 觉 绝 嚼 诀 掠 略 缺 却 确 削 学 雪 血 曰 约 月
iao	标 掉 浇 脚 辽 苗 飘 悄 跳 消 校 要 腰 邀 遥 咬 药 钥
iou	丢 纠 溜 柳 牛 秋 求 修 优 幽 悠 尤 由 邮 犹 友 又 右
uai	拐 怪 怀 坏 快 筷 摔 衰 甩 率 歪 外
uei	吹 垂 摧 堆 队 归 鬼 贵 灰 亏 谁 虽 推 危 胃 喂 魏 追
an	安 板 版 参 担 番 甘 含 砍 栏 漫 男 潘 然 三 善 摊 咱
en	奔 陈 恩 分 根 跟 痕 肯 闷 嫩 喷 人 森 身 怎 真 诊 枕
in	宾 斤 津 仅 进 邻 民 敏 您 拼 侵 亲 辛 因 银 引 饮 隐
ün	军 均 君 菌 群 寻 询 循 训 讯 迅 云 匀 允 运 韵 蕴 晕
ian	边 典 尖 连 棉 年 偏 千 天 咽 烟 延 掩 眼 演 厌 宴 验
uan	川 窜 端 关 欢 宽 乱 软 栓 闩 酸 湍 团 弯 万 赚 钻
uen	春 存 吨 滚 婚 捆 伦 顺 孙 损 温 文 纹 闻 吻 稳 问 准
üan	捐 卷 圈 倦 圈 权 劝 宣 悬 旋 选 元 援 源 怨 院 愿
ang	帮 仓 长 窗 挡 妨 刚 航 扛 狼 忙 囊 旁 嚷 让 嗓 丧 汤
eng	崩 层 灯 风 更 铿 棱 冷 愣 蒙 扔 僧 升 疼 争 蒸 整 正
ing	冰 丁 经 灵 鸣 凝 瓶 清 停 星 应 英 婴 鹰 迎 营 影 映
ong	冲 聪 从 懂 工 红 孔 垄 农 荣 松 通 中 忠 众 重 总 纵
iang	江 良 娘 枪 相 乡 香 享 响 想 向 项 像 秧 扬 羊 阳 杨

uang　　光 慌 晃 筐 狂 矿 框 况 双 霜 爽 汪 亡 王 网 庄 桩 幢
ueng　　翁 嗡 蓊 瓮 蕹
iong　　穷 凶 兄 胸 熊 雄 拥 永 勇 涌 用

（二）朗读下列双音节词语

刹车	法则	爬坡	沙漠	法医	大意	摸底
摩擦	薄荷	布帛	合股	合法	客气	克服
刻薄	合计	拘束	许可	基础	激发	取乐
局促	取齐	入耳	顾惜	末日	耳目	预测
赤字	计策	抵达	舞女	戏法	朱砂	预科
主持	师资	辞职	丝织	主席	芝麻	欺诈
余额	职责	曲折	齐楚	彻底	舍得	排列
悲哀	百草	白费	肥皂	北斗	报仇	堡垒
佩带	内债	埋头	栽培	胚胎	黑白	败北
购买	脑袋	飞刀	枷锁	下月	接洽	佳话
鞋袜	家伙	结果	下列	国家	瓦解	火花
化学	活跃	唾液	雪茄	花朵	削弱	学业
郊游	要求	表率	瓜果	邮票	漂流	油料
诱拐	微妙	推脱	推销	推导	展览	谈判
蹒跚	橄榄	漫谈	烂漫	神人	身份	本分
嫩根	认真	沉闷	贫民	信心	薪金	亲近
拼音	尽心	逡巡	均匀	芸芸	军训	寻菌
云云	浅显	连年	变迁	天险	牵连	电线
换算	转弯	万端	宽缓	专断	软缎	源泉
选员	轩辕	渊源	全权	旋圆	春笋	昆仑
温顺	温存	温润	论文	张榜	沧桑	苍茫
帮忙	当堂	厂商	更正	丰盛	逞能	鹏程
生成	冷风	行星	命名	宁静	清静	明星
晶莹	共同	总统	隆重	从容	中农	红松
炯炯	困窘	英勇	穷凶	吉凶	汹涌	江洋
湘江	酱香	两样	向阳	想象	窗框	狂妄
装潢	王庄	状况	矿床	老翁	水瓮	嗡嗡

二、绕口令训练

a

妈妈开拉达,爸爸桑塔纳,娃娃是警察,跨上雅马哈。

o

打南坡走来个老婆婆,两手托着两筐箩。左手托着的筐箩装的是菠萝,右手托着的筐箩装的是萝卜。你说说:是老婆婆左手托着的筐箩装的菠萝多,还是老婆婆右手托着的筐箩装的萝卜多。说得对,送你一筐箩菠萝。说得不对,不给菠萝也不给萝卜,罚你替老婆婆把装菠萝的筐箩和装萝卜的筐箩送到大北坡。

e

坡上立着一只鹅,坡下流着一条河。宽宽的河,肥肥的鹅,鹅要过河,河要渡鹅。不知是鹅过河,还是河渡鹅。

i

老毕篱下脱坯,老季窗西喂鸡。老毕脱坯怕吓跑了老季的鸡,老季喂鸡怕碰坏了老毕的坯。老毕顾及老季,老季顾及老毕。老季喂好鸡没碰坏老毕的坯,老毕脱完坯没吓跑老季的鸡。

u

鼓上画只虎,破了拿布补。不知布补鼓,还是布补虎。

ü

村里新开一条渠,弯弯曲曲上山去。河水雨水渠里流,满山庄稼绿油油。

-i(前)

一个大嫂子,一个大小子。大嫂子跟大小子比包饺子,看是大嫂子包的饺子好,还是大小子包的饺子好,再看大嫂子包的饺子少,还是大小子包的饺子少。大嫂子包的饺子又小又好又不少,大小子包的饺子又小又少又不好。

-i(后)

知之为知之,不知为不知,不以不知为知之,不以知之为不知,唯此才能求真知。

er

要说"尔",专说"尔",马尔代夫,喀布尔。阿尔巴尼亚,扎伊尔。卡塔尔,尼泊尔。贝尔格莱德,安道尔。萨尔瓦多,伯尔尼。利伯维尔,班珠尔。厄瓜多尔,塞舌尔。哈密尔顿,尼日尔。圣皮埃尔,巴斯特尔。塞内加尔的达喀尔。阿尔及利亚的阿尔及尔。

ai

买白菜,搭海带,不买海带就别买大白菜。买卖改,不搭卖,不买海带也能买到大白菜。

ao

东边庙里有个猫,西边树梢有只鸟。猫鸟天天闹,不知是猫闹树上鸟,还是鸟闹庙里猫。

ei

贝贝飞纸飞机,菲菲要贝贝的纸飞机,贝贝不给菲菲自己的纸飞机,贝贝教菲菲自己做能飞的纸飞机。

ou

清早街上走,走到周家大门口。门里跳出大黄狗,黄狗要咬我的手,急忙拿起大石头,黄狗吓得赶忙走。

忽听门外人咬狗,拿起门来开开手;拾起狗来打砖头,又被砖头咬了手;从来不说颠倒话,口袋驮着骡子走。

ia

天上飘着一片霞,水上漂着一群鸭。霞是五彩霞,鸭是麻花鸭。麻花鸭游进五彩霞,五彩霞挽住麻花鸭。乐坏了鸭,拍碎了霞,分不清是鸭还是霞。

ie

杰杰、聂聂和叶叶,花园里面捉蝴蝶。彩蝶粉蝶和凤蝶,只只蝴蝶像树叶。杰杰用针把蝶别,聂聂将蝶墙上贴。杰杰聂聂看叶叶,叶叶还在捉蝴蝶。

ua

一个胖娃娃,画了三个大花活蛤蟆;三个胖娃娃,画不出一个大花活蛤蟆。画不出一个大花活蛤蟆的三个胖娃娃,真不如画了三个大花活蛤蟆的一个胖娃娃。

uo

狼打柴,狗烧火,猫儿上炕捏窝窝,雀儿飞来蒸饽饽。

üe

真绝真绝真叫绝,皓月当空下大雪,麻雀游泳不飞跃,鹊巢鸠占鹊喜悦。

iao

水上漂着一只表,表上落着一只鸟。鸟看表,表瞪鸟,鸟不认识表,表也不认识鸟。

iou

出南门,走六步,见到六叔和六舅。叫声六叔和六舅,惜我六斗六升好绿豆。过了秋,打了豆,还我六叔六舅六斗六升好绿豆。

uai

槐树槐,槐树槐,槐树底下搭戏台。人家的姑娘都来了,我家的姑娘还没来。说着说着就来了。骑着驴,打着伞,歪着脑袋上戏台。

uei

山前有个崔粗腿,山后有个崔腿粗。二人山前来比腿,不知是崔粗腿比崔腿粗的腿粗,还是崔腿粗比崔粗腿的腿粗。

an

出前门,往正南,有个面铺面冲南,门口挂着蓝布棉门帘。摘了它的蓝布棉门帘,棉铺面冲南,给它挂上蓝布棉门帘,面铺还是面冲南。

en

小陈去卖针,小沈去卖盆。俩人挑着担,一起出了门。小陈喊卖针,小沈喊卖盆。也不知是谁卖针,也不知是谁卖盆。

in

你也勤来我也勤,生产同心土变金。工人农民亲兄弟,心心相印团结紧。

ün

军车运来一堆裙,一色军用绿色裙。军训女生一大群,换下花裙换绿裙。

ian

半边莲,莲半边,半边莲长在山涧边。半边天路过山涧边,发现这片半边莲。半边天拿来一把镰,割了半筐半边莲。半筐半边莲,送给边防连。

uan

大帆船,小帆船,竖起桅杆撑起船。风吹帆,帆引船,帆船顺风转海湾。

üan

男演员女演员,登台演戏说方言。男演员说吴方言,女演员说闽南言。男演员演远东旅行飞行员,女演员演鲁迅文学研究员。研究员,飞行员,吴语言,闽南言,你说男女演员演得全不全。

un

孙村温村过新春,春雷一声响昆仑。竹林怀春出春笋,春联春雨处处春。

ang

长江里帆船帆布黄,船舱放着一张床,床上躺着老大娘。大娘年高怕大浪,头晕恶心心里慌。船老大来身旁,亲亲热热唠家常,还把姜汤来送上。平安返回家中去,大娘告别热泪淌。

eng

郑政捧着盏台灯,彭澎扛着架屏风,彭澎让郑政扛屏风,郑政让彭澎捧台灯。

扁担长,板凳宽,扁担没有板凳宽,板凳没有扁担长。扁担绑在板凳上,板凳不让扁担绑在板凳上,扁担偏要扁担绑在板凳上。

ing

蜻蜓青,青浮萍,青萍上面停蜻蜓,蜻蜓青萍分不清。别把蜻蜓当青萍,别把青萍当蜻蜓。

ong

冲冲栽了十畦葱,松松栽了十棵松。冲冲说栽松不如栽葱,松松说栽葱不如栽松。

iang

杨家养了一只羊,蒋家修了一道墙。杨家的羊撞倒了蒋家的墙,蒋家的墙压死了杨家的羊。杨家要蒋家赔杨家的羊,蒋家要杨家赔蒋家的墙。

uang

王庄卖筐,匡庄卖网,王庄卖筐不卖网,匡庄卖网不卖筐,你要买筐别去匡庄去王庄,你要买网别去王庄去匡庄。

ueng

小蜜蜂,嗡嗡嗡,吵得老翁心烦躁。喝口瓮中清泉水,老翁不再心烦躁。

iong

小涌勇敢学游泳,勇敢游泳是英雄。

三、语篇训练

明月几时有?把酒问青天。不知天上宫阙,今夕是何年。我欲乘风归去,又恐琼楼玉宇,高处不胜寒。起舞弄清影,何似在人间?　转朱阁,低绮户,照无眠。不应有恨,何事长向别时圆?人有悲欢离合,月有阴晴圆缺,此事古难全。但愿人长久,千里共婵娟。

(苏轼《水调歌头》)

红藕香残玉簟秋。轻解罗裳,独上兰舟。云中谁寄锦书来?雁字回时,月满西楼。　花自飘零水自流,一种相思,两处闲愁。此情无计可消除,才下眉头,却上心头。

(李清照《一剪梅》)

假如生活欺骗了你,不要悲伤,不要心急!忧郁的日子里,需要镇静。相信吧,快乐的日子,将会来临。心儿永远向往着未来;现在却常是忧郁。一切都是瞬息,一切都将会过去;而那去了的,就会成为亲切的怀恋。

(普希金《假如生活欺骗了你》)

假如我是一只鸟,我也应该用嘶哑的喉咙歌唱:这被暴风雨所打击着的土地,这永远汹涌着我们的悲愤的河流,这无止息地吹刮着的激怒的风,和那来自林间的无比温柔的黎明……——然后我死了,连羽毛也腐烂在土地里面。为什么我的眼里常含泪水?因为我对这土地爱得深沉……

(艾青《我爱这土地》)

第四节　普通话声调

一、普通话声调类型

声调是音节的高低升降变化。声调的高低升降主要决定于音高,音高靠调节声带的松紧来控制。声带紧,振动得快,听觉上就感到声音高;声带松,振动得慢,听起来声音就低。在发音过程中,声调就是由音节的高低、升降、曲直的各种变化形成的。汉语的声调可以区分意义。普通话里"山西"(shānxī)和"陕西"(shǎnxī),"主人"(zhǔrén)和"主任"(zhǔrèn),就是由声调的不同造成语音和语义的不同。

汉语的声调可以从调值和调类两方面来分析。

声调包括调值和调类两个方面。调值指声调的实际读法,也就是高低升降变化的具体形式。调值是由音高决定的。音高有两种,即绝对音高和相对音高,音乐中的音高属于绝对音高,在音乐里,如C调的1,不管谁来唱,也不管用什么乐器来演奏,音高都是一样的,这是绝对音高;调值则不同,用普通话读"加"字,用低音5度读它和用高音5度读它意义都不会发生变化,还是"加"的意思。也就是说声调的音高是相对的,不要求音高频率的绝对值。由于人的嗓音高低各不相同,声调高低并不是要求人人都发得同样高,成年男人的调值比女人和小孩儿的低,同一个人情绪平静时的调值比情绪激动时低。因而说同一个音节,绝对音高是千差万别的,但相对的高低升降是比较一致的。声调的高低升降变化是滑动的,不像音阶从一个音阶到另一个音阶那样跳跃式地移动。

描写调值常用五度标记法,五度标记法是赵元任为把调值描写得具体、易懂而创造的一种标记声调调值相对音高的方法,把一条竖线四等分,得到五个点,自下而上定为五度:1 度是低音,2 度是半低音,3 度是中音,4 度是半高音,5 度是高音。最低音是 1 度,最高音是 5 度,中间的音分别是 2 度、3 度和 4 度,并在竖线的左侧画一条短线或一点,表示音高升降变化的形式。根据音高变化的形式,制成五度标调符号,有时也采用两位或三位数字表示。

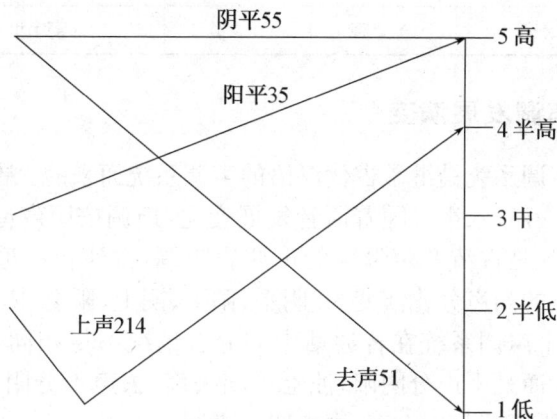

图 1-1 普通话声调五度标记法

调类指声调的类别,就是把调值相同的音归纳在一起建立起来的声调的类别。例如普通话的"去、替、废、动、恨"调值相同,都是由 5 度到 1 度,就属于同一个调类。古代汉语的声调有四个调类,古人叫作平声、上声、去声、入声,合起来叫作四声。现代汉语普通话和各方言的调类都是从古代的四声演变来的。

普通话有四种基本调值,可以归并为四个调类。根据古今调类演变的对应关系,定名为阴平、阳平、上声和去声。具体描写如下:

(1)阴平,高而平,叫高平调。发音时由 5 度到 5 度,简称 55。例字:妈、督、加、先、通。

(2)阳平,由中音升到高音,叫中升调。由 3 度到 5 度,简称 35。例字:麻、毒、荚、贤、铜。

(3)上声,由半低音降到低音再升到半高音,叫降升调。由 2 度降到 1 度,再升到 4 度,简称 214。例字:马、赌、甲、显、桶。

(4)去声,由高音降到低音,叫全降调。由 5 度到 1 度,简称 51。例字:骂、度、价、县、痛。

表1-3 普通话声调调类调值表

调 类	调 值	调 型	调 号	例 字
阴 平	55	高 平	ˉ	咪 mī 身 shēn
阳 平	35	中 升	´	迷 mí 神 shén
上 声	214	降 升	ˇ	米 mǐ 审 shěn
去 声	51	全 降	`	密 mì 慎 shèn

二、古今声调发展演变

普通话的声调系统是继承古代汉语的声调系统而来的。古汉语有四个声调：平声、上声、去声、入声。随着语音发展变化，声调按照声母的清浊等不同条件进行分化，凡是古清音声母字的声调属阴调，古浊音声母字的声调属阳调，这样，古汉语的四声分化演变为"阴平、阳平、阴上、阳上、阴去、阳去、阴入、阳入"八类。这个声调系统在普通话中的分合情况不尽相同，普通话已不是"平、上、去、入"，而是平声分阴阳，浊上声归去声，去声不分阴阳，入声分归四声，这样构成了阴平、阳平、上声、去声四个声调。

普通话没有入声字。古入声字都分派到普通话的阴、阳、上、去四声中，学习普通话声调时，短促的入声调残留将会明显影响普通话整体语调，所以要特别注意消除入声调。

练 习

一、字词训练

阴平

阿 挨 安 凹 八 班 帮 包 杯 逼 边 冰 擦 猜 拆 超
车 夭 心 抽 初 穿 窗 吹 春 粗 催 多 恩 发 锅 喝 黑 哼 呼 哭
灯 低 跌 丢 东 都 端 堆 吨 多 恩 发 锅 喝 黑 哼 呼 哭
风 该 肝 刚 高 歌 根 供 刮 关 光 军 开 看 棵 哭
花 慌 灰 鸡 家 尖 偷 交 接 斤 经 军 开 看 棵 哭

阳平

来 蓝 狼 连 凉 聊 零 龙 楼 埋 忙 毛 煤 门 名 磨
拿 能 泥 年 您 浓 爬 牌 旁 陪 盆 平 鹅 凡 肥 逢

横 活 回 环 滑 壶 红 合 行 含 还 格 国 坟 罚 浮
朝 荣 查 寻 甜 别 薄 白 从 词 床 忧 结 决 及 怀
叠 敌 多 读 甜 答 才 存 从 词 床 除 愁 文 成

上声

闪 傻 扫 伞 撒 软 忍 惹 嚷 染 取 且 巧 抢 起
笋 管 耸 属 要 守 始 审 舍 赏 所 水 死 甩 数 手 省
五 我 稳 往 妥 晚 艇 挑 讨 腿 土 铁 躺 塔 锁
已 也 咬 仰 眼 显 雪 选 许 醒 写 小 想 洗 尾 瓦
宰 左 走 主 种 纸 找 种 涨 窄 早 涌 引 哑 远 雨 有

去声

训 续 绣 泻 姓 笑 项 献 下 系 雾 握 问 未 望 万
在 造 运 月 院 遇 右 用 印 亿 页 药 样 咽
炸 葬 暂 做 最 字 撞 转 住 站 至 正 阵 照 丈 占
赛 弱 肉 日 认 热 让 气 劝 去 欠 奏 皱 拽 债
帅 渗 哨 岁 算 四 送 睡 树 受 事 胜 射 上 晒 色

阴平—阴平

干杯 枪击 呼吸 监听 星光 攀登 期间 撒娇 喷发 弯曲
科班 沙滩 分工 发车 冰箱 胚胎 几乎 春耕 披风 新生

阴平—阳平

督学 凄凉 刚才 今年 安详 山河 村民 珊瑚 兵团 恩情
单词 争鸣 烧灼 缺乏 屈从 锋芒 当局 差别 煎熬 删除

阴平—上声

发表 缺点 参考 蹲点 深浅 喧嚷 班长 安稳 删改 通晓
稀有 瞎扯 欣赏 胸口 虚假 生长 熏染 烟草 医嘱 沾染

阴平—去声

家教 机构 封面 坚韧 开办 慌乱 观望 匆促 奔放 哀怨
猜测 村落 高档 醋睡 兼顾 拉面 闷热 捏造 片面 切换

阳平—阳平

离奇 航船 偿还 熟人 茫然 吉祥 成名 良田 横行 缠绵
人权 城墙 白杨 独苗 缝合 阁楼 寒潮 戛然 狂澜 楼层

阳平—阴平

童心 麻花 着装 盐酸 甜瓜 长篇 南方 竹竿 狂奔 悬空
泥坑 联欢 旁边 直播 繁星 其间 藏身 无知 图章 随机

阳平—上声

繁衍	文笔	族谱	明朗	烦恼	门槛	罚款	旋转	吴语	团体
难点	国有	头脑	值守	云朵	评奖	凉爽	而且	鸵鸟	图景

阳平—去声

童话	常见	航线	裁判	强壮	着重	答案	原样	文艺	甜蜜
沉静	云雀	团队	横贯	然后	岩洞	额外	旋律	竹刻	徒步

上声—上声(详见变调中的相关内容)

上声—阴平

引申	伞兵	海滨	忍心	浅滩	取消	请功	检修	冗长	远征
可观	挺身	数说	闪光	垦荒	假装	手枪	启发	普通	匹夫

上声—阳平

改革	请求	使节	送行	犬牙	浅薄	企图	广博	省城	扰民
海拔	审查	果实	散文	取材	手球	朴实	品格	跑鞋	偶合

上声—去声

典范	体力	倘若	引证	首届	统治	紊乱	手册	水电	请愿
暑假	损耗	想念	险峻	讨论	品质	暖气	水利	史册	省略

去声—去声

正确	事故	锐利	面貌	试用	耐力	梦幻	用处	路费	眷念
救护	魅力	确定	日记	内部	沐浴	庆祝	破案	束缚	克制

去声—阴平

创刊	降温	弊端	念书	健身	刺激	是非	轿车	获悉	信封
目光	募捐	报销	述说	内科	竞相	扩张	路灯	救星	贵宾

去声—阳平

好奇	放行	鉴别	树丛	抗衡	内涵	视察	沤肥	日程	价格
诺言	譬如	过年	事实	量词	宁肯	电铃	数学	殿堂	破格

去声—上声

饭碗	见解	幻影	刻苦	敬仰	号码	教养	视点	梦想	迅猛
糯米	路口	僻壤	事理	牧草	探险	庆典	宁愿	妙手	借款
爱情	安全	帮助	别人	曾经	措施	到处	东北	读者	繁荣
方针	副食	更加	冠军	航空	后悔	坚强	节约	经过	开始
空前	浪费	留念	贸易	模样	难受	农村	平等	破坏	期间
强调	如果	热情	森林	神经	食品	市场	特殊	通信	外交

完整	无限	吸收	系统	项目	熊猫	严肃	医院	游泳	赞成
真理	支援	重视	遵守	昂扬	拜访	伴奏	悲愤	编辑	辩解
波涛	驳斥	部位	参军	查明	常规	城镇	惩罚	冲锋	筹备
传授	吹捧	翠绿	单纯	当初	悼念	颠簸	定向	叮嘱	冻结
夺取	发炎	烦恼	防汛	飞翔	分明	丰满	敷衍	覆盖	钢琴
高尚	跟随	功绩	沟通	关闭	规章	过滤	寒暄	和蔼	

二、绕口令训练

（1）梁上两对倒吊鸟，泥里两对鸟倒吊。可怜梁上的两对倒吊鸟，惦着泥里的两对鸟倒吊，可怜泥里的两对鸟倒吊，也惦着梁上的两对倒吊鸟。

（2）河边两只鹅，一同过了河；白鹅去拾草，黑鹅来搭窝。冬天北风刮，草窝真暖和，住在草窝里，哦哦唱支歌。

（3）天连水，水连天，水天一色望无边，蓝蓝的天似绿水，绿绿的水如蓝天。到底是天连水，还是水连天？

（4）铜勺舀热油，铁勺舀凉油，铜勺舀了热油舀凉油，铁勺舀了凉油舀热油。舀油入炒勺，月月有佳肴。先炖鱿鱼块，后扒羊肉条。火在炉下燃，油在勺中熬，满锅同炎热，管它铜勺与铁勺。

（5）天空飘着一片霞，水上游来一群鸭。霞是五彩霞，鸭是麻花鸭，麻花鸭游进五彩霞，五彩霞网住麻花鸭。乐坏了鸭，拍碎了霞，分不清是鸭还是霞。

（6）夏日无日日亦热，冬日有日日亦寒，春日日出天渐暖，晒衣晒被晒褥单，秋日天高复云淡，遥看红日迫西山。

三、语篇训练

说起故乡的山梨，并不像一般梨子那样甜蜜可口，皮嫩如膏；反之，它倒是一身酸味，皮厚得像一层老布。你们也许很以为怪了，这样的山梨，有什么值得不忘的呢。不，我觉得故乡的山梨特别叫我不忘的地方就是它的酸和粗厚的皮！因为它是和一般梨子迥乎不同的。如果让植物学家来解释的话，山梨的酸味和粗厚的外皮，正可以说是为保护自己的身体安全才长的，因为山丛之中，杂虫甚多，如果它生得又嫩又甜，怕不待成熟早让虫子们蛀光了。果然，山梨很少有生虫子的。

（节选自李辉英《故乡的山梨》）

中秋节前后，正是故乡桂花盛开的季节。

小时候，我无论对什么花，都不懂得欣赏。父亲总是指指点点地告诉我，这是梅花,那是木兰花……但我除了记些名字外,并不喜欢。我喜欢的是桂花。桂花树的样子笨笨的,不像梅树那样有姿态。不开花时,只见到满树的叶子;开花时,仔细地在树丛里寻找,才能看到那些小花。可是桂花的香气,太迷人了。

故乡靠海,八月是台风季节。桂花一开,母亲就开始担心了:"可别来台风啊!"母亲每天都要在前后院子走一回,嘴里念着:"只要不来台风,我就可以收几大箩。送一箩给胡家老爷爷,送一箩给毛家老婆婆,他们两家糕饼做得多。"

桂花盛开的时候,不说香飘十里,至少前后十几家邻居,没有不浸在桂花香里的。桂花成熟时,就应当"摇"。摇下来的桂花,朵朵完整、新鲜。如果让它开过,落在泥土里,尤其是被风雨吹落,比摇下来的香味就差多了。

摇花对我来说是件大事。所以,我总是缠着母亲问:"妈,怎么还不摇桂花呢?"母亲说:"还早呢,花开的时间太短,摇不下来的。"可是母亲一看天上布满阴云,就知道要来台风了,赶紧叫大家提前摇桂花。这下,我可乐了,帮大人抱着桂花树,使劲地摇。摇呀摇,桂花纷纷落下来,我们满头满身都是桂花。我喊着:"啊! 真像下雨,好香的雨呀!"

(节选自教育部审定义务教育教科书《语文》五年级上册《桂花雨》)

第五节　普通话语流音变①

我们在说话的时候,不是一个字一个字地说,而是要把一些语言单位组织起来,形成一个个句子、一段段话,形成连续的语流。在语流中,音素由于受到前后音的影响或者受到说话的高低、快慢、强弱等因素的影响,会发生一些变化,这种现象就叫作"音变",也叫"语流音变"。学习普通话,光学单字音还不行,还需要掌握音变规律。否则,即使声母、韵母、声调都读得很正确,连起来说也不是地道的普通话。普通话里的音变现象主要有变调、轻声、儿化以及语气词"啊"的音变等。

一、变调

在语流中,一些音节的声调会发生变化,与它原来的调值有所不同,这种现象就叫作"变调"。普通话里最重要的变调现象有上声变调、"一""不"的变调。

---

① 为方便教学,本节为存在语流音变现象的音节标变调,半上按上声标调。

（一）上声变调

在语流中，上声变调的情况最多，也最复杂。上声的调值是 214，在以下两种情况下上声不变调：单念的时候；出现在词句末尾的时候。在其他情况下，上声一般都要变调。上声变调有两种情况：一是调值变为 211，称为"半上"；一是调值变为 35，与阳平的调值一致。

（1）上声和上声相连，前一个上声调值变为 35，与阳平的调值一致。

美满 méimǎn	保险 báoxiǎn	选举 xuánjǔ
水果 shuíguǒ	雨伞 yúsǎn	草稿 cáogǎo

（2）上声在非上声（阴平、阳平、去声）以及轻声的前面变为半上，调值读为 211。

① 上声＋阴平：

语音 yǔyīn	演出 yǎnchū	每天 měitiān
手工 shǒugōng	简单 jiǎndān	古诗 gǔshī

② 上声＋阳平：

演员 yǎnyuán	朗读 lǎngdú	感觉 gǎnjué
普及 pǔjí	补偿 bǔcháng	走神 zǒushén

③ 上声＋去声：

讲话 jiǎnghuà	省略 shěnglüè	访问 fǎngwèn
水稻 shuǐdào	管制 guǎnzhì	走运 zǒuyùn

④ 上声＋轻声：

打量 dǎliang	喇叭 lǎba	免得 miǎnde
老实 lǎoshi	买卖 mǎimai	我们 wǒmen

（3）三个上声相连，如果前两个音节在语法上联系较为紧密，称为"双单格"，前两个上声音节都变成阳平（调值 35）；如果后两个音节在语法上联系比较紧密，则为"单双格"，前两个上声音节分别变成半上（调值 211）和阳平（调值 35）。

① 双单格：

表演者 biáoyánzhě	打靶场 dábáchǎng	赶紧走 gánjínzǒu
草稿纸 cáogáozhǐ	古典美 gúdiánměi	体检表 tíjiánbiǎo

② 单双格：

冷处理 lěngchúlǐ	买雨伞 mǎi yúsǎn
女导演 nǔdáoyǎn	小广场 xiǎo guángchǎng
很典雅 hěn diányǎ	老领导 lǎolíngdǎo

（4）上声在由上声变来的轻声前面有两种变调：一种是变为半上（调值211），一种是变为阳平（调值35）。

① 变半上：

姐姐 jiějie   奶奶 nǎinai   马虎 mǎhu

（2）变阳平：

想想 xiángxiang   走走 zóuzou   手里 shóuli

上声变调口诀：

两个上声字相连，前面一个要变化；上上相连前变阳，上加非上变半上。

三个上声字相连，前面两个要变化；双单变为阳和阳，单双变为半上阳。

二、"一""不"的变调

"一"的本调是阴平调，"不"的本调是去声调。它们在单念、词句末尾或表示序数的时候读本调。如在"一等奖"（表序数）、"唯一"（词末），"不，我就不！"（单念、句尾）中读本调。

"一""不"在语流中也经常发生变调。规律如下：

1. 在去声字的前面，"一""不"都变为阳平（调值35）。

一定 yídìng   一律 yílǜ   不必 búbì   不是 búshì

一共 yígòng   一致 yízhì   不但 búdàn   不要 búyào

2. 在非去声字（阴平、阳平、上声）的前面，"一"变为去声（调值51），"不"仍读为本调。

一般 yìbān   一直 yìzhí   不堪 bùkān   不良 bùliáng

一心 yìxīn   一起 yìqǐ   不惜 bùxī   不如 bùrú

一同 yìtóng   一手 yìshǒu   不许 bùxǔ   不解 bùjiě

3. "一""不"夹在重叠动词等词语的中间时，读轻声。

想一想 xiǎngyixiǎng   谈一谈 tányitán   来不来 láibulái

看一看 kànyikàn   好不好 hǎobuhǎo   想不到 xiǎngbudào

"一"和"不"的变调口诀：

去声之前念阳平，非去之前念去声，

词语中间念轻声，变调规律记心中。

三、轻声

（一）轻声的性质

普通话里的音节分别属于四个调类，即阴平、阳平、上声和去声。有些音节在词语和句子中使用的时候,失去原来的调值,变成一种既轻又短的调子,这就是轻声。如"别扭"(bièniu)中的"扭","结实"(jiēshi)中的"实","漂亮"(piàoliang)中的"亮"。含有轻声音节的词就是轻声词。有的词读轻声和不读轻声意思好像没有什么区别,如"太阳""粮食""西瓜";有的词读轻声和不读轻声就表示不同的意思,如"大意"读轻声的意思是"疏忽",不读轻声是"大概"的意思。有的词则必须读成轻声,如"别扭""老实""漂亮"等。

轻声现象虽然在普通话里广泛存在,但是不宜将轻声看作一种声调而归为一个调类,因为读轻声的音节都有本调,只是在特定位置上出现的时候才读为轻声。轻声是一种音变现象。

轻声音节的主要特点是"轻"和"短"。"轻"是发音弱,使音节的高低变化十分模糊,"短"是因为音节失去了高低变化的余地。

轻声音节的高度往往和前面音节的声调有关。也就是说,轻声词中,轻声音节前面的音节调值不同,轻声音节的音高也不同。大致的情况是:上声音节后面的轻声音节读4度,阳平音节后面的轻声音节读3度,阴平后面的轻声音节读2度,去声后面的轻声音节读1度。例如:

上声＋轻声(4度):剪子　枕头　爽快　委屈
阳平＋轻声(3度):孩子　石头　凉快　人们
阴平＋轻声(2度):桌子　跟头　称呼　庄稼
去声＋轻声(1度):凳子　念头　报酬　事情

普通话中的音节一般要读为轻声的主要有以下几种情况:

1. 语气词
走吧、写啊、他呢、就是嘛、好吗
2. 助词"的、地、得、着、了、过"等
吃的、高兴地、说得(好)、看着、写了
3. 叠音词和重叠动词末一个音节
妈妈、姐姐、星星、娃娃、走走、练练
4. 用在动词后面表示趋向和用在形容词后面表示变化的趋向动词"来、去、起来、下去"等
进来、出去、拿回来、跳过去、黑下来、想起来、做下去
5. 用在名词及代词后面的方位词"里、上、下、面、边"等
山上、地下、屋里、那边、后面
6. 名词及某些代词的后缀"子、儿、头、们"等
剪子、车子、木头、石头、我们、先生们

7. 量词"个"

一个、这个

8. 一些常用的双音节词的后一个音节

脑袋、胳膊、头发、钥匙、消息、麻烦、快活、见识、机灵、扎实、凑合

（二）轻声的词汇语法作用

轻声是一种语音现象，同时也具有词汇、语法的作用。有些词语，读不读轻声，意思、用法不同。

轻声的作用可以概括为两个方面。

1. 区分词义

东西：东方和西方。

东西：泛指各种事物。

地方：各级行政区划的统称。

地方：区域；空间；部位。

2. 改变词性

有时，轻声不但改变词义，而且改变了词性。例如：

地道：名词，地下坑道。

地道：形容词，真正的，纯粹的。

自然：名词，自然界；自由发展；理所当然。

自然：形容词，不勉强；不局促；不呆板。

（三）儿化

后缀"儿"和前面音节的韵母合成一个音节，并使该音节的韵母变成卷舌的韵母，这种音变现象就叫作"儿化"，儿化后的韵母就叫作"儿化韵"。内部有带儿化韵音节的词就叫作"儿化词"。在书面上用汉字"儿"表示儿化，但是"儿"和前面的字属于同一个音节。在汉语拼音中表示儿化音节，只需在原来音节的拼音形式之后加"r"就可以了。比如"点儿（diǎnr）、树叶儿（shùyèr）"。

1. 儿化的读音规律

一个韵母变成儿化韵，共同的特点是在原韵母发音结束时加上卷舌动作。但由于韵母的结构特点不同，因此韵母有不同的儿化方式，主要的规律如下：

（1）由 a、o、e、ê、u 收尾的韵母，直接加上卷舌动作。

a→ar：　　　刀把儿　　号码儿　　打杂儿

ia→iar：　　人家儿　　豆芽儿　　脚丫儿

ua→uar：　　菊花儿　　牙刷儿　　大褂儿

o→or：　　　山坡儿　　　围脖儿　　　粉末儿

uo→uor：　　干活儿　　　水果儿　　　餐桌儿

e→er：　　　山歌儿　　　风车儿　　　饭盒儿

iê→iêr：　　树叶儿　　　台阶儿　　　锅贴儿

üê→üêr：　　丑角儿　　　木橛儿　　　弯月儿

u→ur：　　　水珠儿　　　脸谱儿　　　里屋儿

ao→aor：　　蜜桃儿　　　走道儿　　　跳高儿

iao→iaor：　小鸟儿　　　禾苗儿　　　纸条儿

ou→our：　　纽扣儿　　　年头儿　　　小丑儿

iou→iour：　皮球儿　　　短袖儿　　　蜗牛儿

（2）单韵母 i、ü，在韵母后面加 er。

i→ier：　　　书皮儿　　　没底儿　　　小米儿

ü→üer：　　金鱼儿　　　孙女儿　　　小曲儿

（3）单韵母-i[ʅ]、-i[ɿ]，韵母变成 er。

-i[ɿ]→er：　瓜子儿　　　毛刺儿　　　铁丝儿

-i[ʅ]→er：　树枝儿　　　锯齿儿　　　没事儿

（4）韵尾是 i、n 的韵母，脱落韵尾，韵腹加上卷舌动作。

ai→ar：　　　窗台儿　　　小孩儿　　　鞋带儿

uai→uar：　　一块儿

ei→er：　　　擦黑儿　　　宝贝儿

uei→uer：　　墨水儿　　　香味儿　　　一会儿

an→ar：　　　名单儿　　　伙伴儿　　　鱼竿儿

ian→iar：　　花边儿　　　碎片儿　　　一点儿

uan→uar：　　拐弯儿　　　指环儿　　　饭馆儿

üan→üar：　　圆圈儿　　　花园儿　　　手绢儿

en→er：　　　书本儿　　　走神儿　　　窍门儿

uen→uer：　　冰棍儿　　　开春儿　　　没准儿

in、ün 韵尾脱落后则为 i、ü，同时遵循第 2 条规则，在韵母后面加 er。

in→ier：　　　声音儿　　　干劲儿　　　口信儿

ün→üer：　　合群儿

（5）韵尾是 ng 的韵母，脱落韵尾，韵腹加上卷舌动作并带上鼻音色彩使其鼻化（在韵腹上加"~"表示鼻化）。

ang→ãr：　　　药方儿　　　帮忙儿　　　茶缸儿

iang→iãr：　透亮儿　　　唱腔儿　　　瓜秧儿

uang→uãr：　蛋黄儿　　　天窗儿　　　亮光儿

eng→ẽr：　　凉风儿　　　麻绳儿　　　板凳儿

ueng→uẽr：　水瓮儿

ong→ũr：　　胡同儿　　　有空儿　　　水桶儿

ing、iong 韵尾脱落后则为 i、ü,同时遵循第 2 条规则,在韵母后面加 er。

ing→iẽr：　　眼镜儿　　　花瓶儿　　　电影儿

iong→üẽr：　小熊儿

2. 儿化的词汇语法作用

儿化也有语法词汇作用,带不带"儿"缀,意思、用法会有差异。有的不读成儿化词就不成词,有的读成儿化词与不读成儿化词感情色彩不同,还有的读成儿化词与不读成儿化词意思不同。例如,"桃儿""杏儿",没有"儿"缀,在口语中就不能单说;"面条儿"说成"面条","小孩儿"说成"小孩",意思没有什么不同,修辞色彩上可能稍微有点差异。

儿化的主要词汇语法作用可以概括为几种:

(1) 区别词义,带"儿"缀的词和不带"儿"缀的词是意义不同的两个词。

头:脑袋。

头儿:领头的。

眼:眼睛。

眼儿:小窟窿。

(2) 区别词性,带"儿"缀的词和不带"儿"缀的词,词性不同。

盖:动词。

盖儿:名词。

个:量词。

个儿:名词。

(3) 带"儿"缀的词,一般表示细、小、轻、微的意义(与带"子"缀的词比较)。

棍儿　刀儿　花园儿　饭桌儿　皮球儿　纸片儿

(4) 带"儿"缀的词,可以表示喜爱、亲切的感情色彩。

脸儿　伙伴儿　小孩儿　小鸟儿　宝贝儿　花裙儿

(四) 语气词"啊"的音变

孤立地看,语气词"啊"是由一个单元音 a 构成的轻声音节,用在句末或句中停顿之前,连读时往往受前一个音节收尾音素影响发生音变,通常是在其原有读音前面加上一个音素。语气词"啊"的音变主要是同化或异化的结果，有以下几种情况：

1. 前面音节的收尾音素是 a、o、e、ê、i、ü 的时候，读 ya，写成"呀"或"啊"

原来是他啊（tā ya）！

还要上一个山坡啊（pō ya）！

我喜欢听你唱歌啊（gē ya）！

态度这么坚决啊（jué ya）！

别着急啊（jí ya）！

这水好绿啊（lǜ ya）！

2. 前面音节的收尾音素是 u(o) 的时候，读 wa，写成"哇"或"啊"

这药真苦啊（kǔ wa）！

快来瞧啊（qiáo wa）！

3. 前面音节的收尾音素是 n 的时候，读 na，写成"哪"或"啊"

天啊（tiān na），大家快来看啊（kàn na）！

他真是个好人啊（rén na）！

4. 前面音节的收尾音素是 ng 的时候，读 nga，写成"啊"

这菜真香啊（xiāng nga）！

接着往下唱啊（chàng nga）！

5. 前面音节的收尾音素是 -i[ɿ] 的时候，读[zʌ]，写成"啊"

多漂亮的字啊（[zʌ]）！

这是什么意思啊（[zʌ]）！

6. 前面音节的收尾音素是 -i[ʅ] 的时候，读 ra，写成"啊"

大家快吃啊（chī ra）！

到底是怎么回事啊（shì ra）！

注意：① 零声母音节的"er"后面的"啊"读"ra"，如"儿啊（ra）"。② 儿化后面的"啊"也多读"ra"，如"花儿啊（ra）""皮儿啊（ra）""歌儿啊（ra）""食儿啊（ra）"。

练 习

一、词语练习

(一) 上声变调

1. 上声＋阴平（前者读为半上，调值211，后者不变）

马车 mǎchē   傻瓜 shǎguā   舍身 shěshēn

法官 fǎguān   假山 jiǎshān   纸张 zhǐzhāng

2. 上声＋阳平（前者读为半上，调值211，后者不变）

考察 kǎochá   手足 shǒuzú   脸庞 liǎnpáng

表达 biǎodá   满员 mǎnyuán   准时 zhǔnshí

3. 上声＋上声（前者读为阳平，后者不变）

把柄 bábǐng   底稿 dígǎo   好久 háojiǔ

保险 báoxiǎn   首长 shóuzhǎng   举止 júzhǐ

笔者 bízhě   粉笔 fénbǐ   耳语 éryǔ

处理 chúlǐ   鼓舞 gúwǔ   勇敢 yónggǎn

4. 上声＋去声（前者读为半上，调值211，后者不变）

法定 fǎdìng   写作 xiězuò   丑化 chǒuhuà

果断 guǒduàn   水稻 shuǐdào   体现 tǐxiàn

5. 上声＋轻声（前者读为半上，调值211，后者不变）

比方 bǐfang   点心 diǎnxin   使唤 shǐhuan

打发 dáfa   好处 hǎochu   委屈 wěiqu

(二) "一""不"的变调

1. "一"的变调

(1) 一＋去声（"一"读为阳平，调值35）：

一半 yíbàn   一带 yídài   一概 yígài   一切 yíqiè

一并 yíbìng   一道 yídào   一律 yílǜ   一样 yíyàng

(2) 一＋阴平（"一"读为去声，调值51）：

一般 yìbān   一番 yìfān   一生 yìshēng   一心 yìxīn

一边 yìbiān   一批 yìpī   一些 yìxiē   一双 yìshuāng

(3) 一＋阳平（"一"读为去声，调值51）：

一回 yìhuí　　　一年 yìnián　　　一齐 yìqí　　　一群 yìqún

一连 yìlián　　　一旁 yìpáng　　　一如 yìrú　　　一直 yìzhí

（4）一十上声（"一"读为去声，调值51）：

一口 yìkǒu　　　一起 yìqǐ　　　一统 yìtǒng　　　一览 yìlǎn

一举 yìjǔ　　　　一体 yìtǐ　　　一种 yìzhǒng　　一点儿 yìdiǎnr

2. "不"的变调

（1）不十去声（"不"读为阳平，调值35）：

不是 búshì　　　不但 búdàn　　　不倦 bújuàn　　　不利 búlì

不必 búbì　　　　不断 búduàn　　　不愧 búkuì　　　不懈 búxiè

（2）不十阴平、阳平、去声（"不"读去声，调值51）：

不安 bùān　　　不堪 bùkān　　　不良 bùliáng　　不管 bùguǎn

不该 bùgāi　　　不曾 bùcéng　　　不同 bùtóng　　　不久 bùjiǔ

不公 bùgōng　　　不乏 bùfá　　　不止 bùzhǐ　　　不免 bùmiǎn

（三）轻声练习

本事 běnshì—本事 běnshi

地理 dìlǐ—地里 dìli

地下 dìxià—地下 dìxia

大方 dàfāng—大方 dàfang

服气 fúqì—福气 fúqi

莲子 liánzǐ—帘子 liánzi

利害 lìhài—厉害 lìhai

兄弟 xiōngdì—兄弟 xiōngdi

大爷 dàyé—大爷 dàye

近来 jìnlái—进来 jìnlai

（四）儿化练习

a→ar：	那儿	话把儿	üê→üêr：	旦角儿	肥缺儿
ia→iar：	纸匣儿	人家儿	u→ur：	酒壶儿	门路儿
ua→uar：	荷花儿	鞋刷儿	ao→aor：	羊羔儿	小草儿
o→or：	锯末儿	媒婆儿	iao→iaor：	面条儿	插销儿
uo→uor：	对过儿	蝈蝈儿	ou→our：	老头儿	高手儿
e→er：	小河儿	找乐儿	iou→iour：	抓阄儿	一溜儿
iê→iêr：	半截儿	小鞋儿	i→ier：	玩意儿	凉皮儿

ü→üer：	毛驴儿	马驹儿	uen→uer：	下文儿	飞轮儿
-i[ɿ]→er：	识字儿	新词儿	in→ier：	树林儿	费劲儿
-i[ʅ]→er：	果汁儿	小事儿	ün→üer：	花裙儿	
ai→ar：	门牌儿	锅盖儿	ang→ãr：	秘方儿	赶趟儿
uai→uar：	乖乖儿	木块儿	iang→iãr：	茴香儿	阴凉儿
ei→er：	刀背儿	眼泪儿	uang→uãr：	沾光儿	纸筐儿
uei→uer：	帽盔儿	烟灰儿	eng→ẽr：	泥坑儿	门缝儿
an→ar：	收摊儿	拼盘儿	ueng→uẽr：	水瓮儿	
ian→iar：	小辫儿	冒烟儿	ong→ũr：	小虫儿	酒盅儿
uan→uar：	瓦罐儿	好玩儿	ing→iẽr：	打鸣儿	蛋清儿
üan→üar：	绕远儿	花卷儿	iong→üẽr：	小熊儿	
en→er：	脸盆儿	大婶儿			

（五）语气词"啊"音变练习

（1）这是一个好办法啊（ya）！

（2）要等到期末啊（ya）！

（3）大家好好喝啊（ya）！

（4）这件事对大家非常有利啊（ya）。

（5）要走那么远的路啊（wa）！

（6）你以为我不知道啊（wa）！

（7）这一走就是十年啊（na）。

（8）今天好冷啊（nga）！

（9）这张纸可不能撕啊（[zA]）！

（10）好坚固的牙齿啊（ra）。

二、语篇练习

多么美丽的春天啊（na）！阳光真灿烂啊（na），空气好清新啊（na），地上的草多绿啊（ya），树上的花多美啊（ya）！那些天真的孩子啊（[zA]），唱啊（nga），跳啊（wa），他们玩得多好啊（wa）。春天的景色真是如画如诗啊（ra）！

第二章
朗　读

朗读是养成正确发音习惯的一个重要途径，是学习和运用普通话的重要手段，也是提升自身语言素养的重要手段。

第一节　朗读概述

一、什么是朗读

朗读，是把书面语言变为有声语言的过程。朗读不是简单地把文字读出来，而是对文字语言的改造和创作，是有声语言的艺术化，同时也是对普通话声母、韵母、声调、音变的综合运用和综合考查。它要求朗读者在对文字材料充分理解的基础上，运用一定的技巧，把文字材料用口头有声语言表现出来。由于书面形式本身的局限性，文字材料中蕴涵的情、景、事、理都需要朗读者首先自己领会，然后再利用一定的节律把它们充分地还原。如果读得好，不但能很好地传达出作者的原意，还能用鲜活的、有感染力的"立体"语言为原文增色。在朗读的时候，需要充分调动各发音器官，运用必要的语音技巧，既要发好每个音节的声母、韵母和声调，又要注意各种音变现象，还要运用好感情、气息、韵律节奏等要素。所以，朗读既是提高分析表达能力的良好方法，又是练习普通话、锤炼标准的普通话语感的重要方式。

朗读不同于朗诵。朗诵是一种艺术表演形式，使用的是表演语言。而朗读则是用"读而不板，说而不演"的朗读语言。朗读具有转述性、知识性、质朴性、严肃性等特征；而朗诵则具有表演性、角色性、夸饰性等特点。

普通话朗读具有如下特点：

规范化——朗读时的语音必须是以北京语音为标准音的规范语音。

口语化——以口头语言为基础，明白通俗，流畅自然。

艺术化——朗读是对文字语言的再创作。需要恰当地运用语言技巧,通过富有艺术感染力的声音,生动地再现文章的思想内容和艺术形象。

二、朗读的要求

叶圣陶先生曾指出:"有很多地区,小学里读语文课本还是一字一拍的,这根本不成语言了。中学里也往往不注意读,随口念一遍,就算是读了,发音不讲究,语调不揣摩,更不用说表达逻辑关系,传出神情意态了。这是不能容忍的。"叶先生指出的这个现象目前仍然存在。

朗读绝不是一个见字出声的自发的过程,而是一个需要心理和生理的良好协作,由思维、情感和气息共同参与的全面驾驭语言的过程。在这个过程中,朗读者要充分调动自身思想和语感的储备,在极短的时间内做出准确的判断和选择;用清晰响亮的声音把文字内容自然流畅、有情有味地表达出来。

(一)使用普通话朗读

首先要做到读准每个音节的声母、韵母、声调;在此基础上要注意音节在句子中的音变(轻声、儿化、"一""不"的变调、语气词"啊"的音变),确保音变正确。

(二)发音吐字要清晰

朗读是用有声语言表达书面材料。既然声音是表达的唯一载体,那么就必须注意发音的清晰和响亮,不可含含混混。要尽量做到字正腔圆、饱满到位。当然,清晰不仅指音量的大小,还包括吐字归音的处理。

(三)朗读要流利

流利,就是要读得连贯、流畅、快慢适度。

要流利地朗读作品,首先不能读破词语、读破句子。读破词语或句子,主要是指停顿不当,以致让人无法理解词语或句子的意思。朗读的语速要适中。语速过快或者过慢都会影响流畅度,朗读的速度应该和平常说话的速度大体一致。

(四)朗读要有感情

朗读要有感情,文字材料都是表达一定的思想内容的,根据体裁的不同,或叙事,或说明,或描写,或抒情,或说理。这就要求朗读者要充分体会作者的用心,用自己的声音尽量传达出文字中的深层含义。只有恰当地把握住文章作者的感情脉络,才有可能将作者的书面文字变为亲切灵动、富有感染力的有声语言。

第二节　朗读的技巧

朗读的基本技巧主要包括发声技巧和节律技巧。发声技巧还可以细分为呼吸技巧、共鸣技巧、吐字归音技巧等,节律技巧则包括停延、重音、句调及语速等方面。

一、发声技巧

(一) 呼吸技巧

开口讲话离不开用气,"气动则声发"。气息和声音的关系就如同电力和机械的关系,朗读需要有充足和连续的气流支持。

最常见的呼吸方式有三种:胸式呼吸、腹式呼吸和胸腹联合呼吸。

1. 胸式呼吸

胸式呼吸又叫浅呼吸,主要靠肋骨的呼吸运动来实现。在呼吸的时候,虽然处于胸腹之间的横膈也略微向下移动,但是并没有对胸腔容积的扩大起到多大的作用。这样呼吸,吸进和呼出的气流较弱,发出的音比较窄细、轻飘、僵硬。有时能看到发音者的双肩明显上耸,给人没有底气的感觉。由于声带一直处于比较紧张的状态,因此,在需要提高音高的时候,常常会中气不足。如果在较长时间的演说中一直用这种方法的话,还会造成喉部肌肉负担过重,致使声音不能持久。所以,在公众场合大声讲话,最好不要用这种呼吸方式。

当然,事物都有两面性,这种呼吸方式也并非一无是处,在我们需要表现特定的语气或者模仿特定的人物口吻时,这种呼吸方式可以帮助我们。

2. 腹式呼吸

与胸式呼吸正好相反,腹式呼吸主要靠向下运动横膈膜来吸入气流,是一种深呼吸。这种呼吸法吸气量大,并且吸得深沉。运用这种方式时,腹部的肌肉放松,并且可以看到一动一动的。而胸部则看不出明显的活动来。这种方法男性采用较多。在日常交谈中用这样的呼吸方法显得从容、沉稳,但是如果在演说或者辩论到了高潮的地方,需要高音的时候,它就显得无能为力了。

3. 胸腹联合呼吸

胸腹联合呼吸又叫胸膈呼吸。这种方法是靠肋骨和横膈膜共同运动、互相配合来发音的。也可以理解为胸式呼吸和腹式呼吸的联合应用。它不但具有前面两种方法各自的优点,还有独到之处。首先,这种方法吸入的气流量最大,因为用这种方法的时候,肋骨和横膈膜同时扩张。其次,这种呼吸方式使胸、腹和横膈膜的关系更为密切,它们互相配合,互相帮助,使呼吸更为稳健,有利于控制。最后,它还有助于音色的美化。这种方法产生的音色不但坚实稳定而且响亮干净,在公众场合能够最大限度地保证声音的效果。

(二) 共鸣技巧

声带是人最主要的发音体,从肺部流出的气流振动声带可以发出微弱的声音,这种微弱的声音再经过共鸣器官的共鸣放大,传到听者的耳朵里,就是响亮的声音。

共鸣又叫"共振"。一个物体振动的时候,会影响到附近的物体,如果附近的物体振动频率和原来的物体相同,那么它会跟着一起振动,反过来又加强了原来物体的振动。这样一来,本来微弱单调干涩的声音经过共鸣放大,就变得清晰有力饱满圆润。

人身上的共鸣器官有多处。对声音面貌影响最大、最直接的是喉、咽、口、鼻四个空腔。另外,胸腔、前额、两颧等部位也能起到辅助共鸣的作用。一般情况下,我们在说话的时候应该以口腔共鸣为主,以胸腔共鸣为基础,同时也略微带上一点鼻腔共鸣,用这种共鸣方式发出来的音,显得柔和、清晰、有力。如果不是这样,比如只利用口腔和咽腔的话,声音就会显得单薄、干涩,既没有穿透力,又没有"磁性"。

这里介绍自如控制共鸣的两种技巧。一种叫作"通","通"就是通畅、不阻塞。有的人在说话的时候喉部的肌肉特别紧张,使得本来就不宽敞的气流通道变得更加狭窄,声音硬"挤"出嗓子眼,效果很不好。我们应该在发音的时候,让背部和颈部自然伸直,尤其是胸部,应该自然放松,不应该感觉到憋闷和僵硬。喉头充分地放松,口腔也打开到适当的程度,让气流可以十分通畅地流出发音。一种叫作"挂","挂"的意思就是不要让声音从声道里直直地跑出来,而是要充分控制住气流,让它们好像受到一股磁力的吸引,能"挂"在硬腭的前部。这样发出来的音节,声音肯定响亮、清晰、饱满、厚重。大家可以通过练习一些简单的韵母来体会"通"和"挂"的感觉。比如,可以发"a、ai、ao、ou、ia、uo"等。

(三) 吐字归音技巧

字音是否清晰会影响到听者的听感,即使音质很好,音量也很大,如果不能把字咬清楚,同样会影响到表达的效果。朗读的时候,吐字必须清晰、集中、饱满、自如。为了达到这个要求,必须进行吐字归音的训练。吐字归音原来是中国说唱艺术在咬字方面的一个术语,它把一个音节分为"出字、立字、归音"三个阶段,每个阶段都有明确的要求,如果能够达到这些要求,吐出的字就会显得清晰、饱满、有弹性。

1. 发音器官训练

(1)练舌:舌头尽量向前平伸,再尽量往后收缩,先慢后快,反复数次,可以增强它前后运动的能力,增强它的位置感。舌尖翘起,从前往后依次抵住上齿背、上齿龈、硬腭前部等部位,由慢到快反复数次。舌尖平伸向前,再卷起,然后再平伸向前,再卷起,反复数次。

连续发"za……da……jia……zha……ga",体会舌头用力部位的变化。

(2)练口腔:把嘴张到最大,注意不要只张开前面,后面也要跟着打开。

(3)练双唇:把嘴唇尽量向前撮圆,像发 ü 的样子,再用力向两边展开,像发 i 的样子,由慢而快,反复数次。

2. 吐字归音的要领

一个成分完整的音节包括声母、韵头(又叫介音)、韵腹、韵尾和声调五个部分。习惯上我们把音节的五个部分分别叫作"头、颈、腹、尾、神"。下面我们以"团"(tuán)这个五部分齐全的音节为例子,来分析吐字归音对各个部分的具体要求。

(1)出字:出字指的是发声母(头)和韵头(颈)的阶段。这个阶段的要求是发音部位一定要准确,并且弹发有力。其实在具体发音时,这个要求主要体现在声母的发音上。比如:tuán 这个音节,t 的发音过程是,先让舌尖和上齿龈形成阻碍,然后积蓄气流(持阻),最后用强烈的气流冲破这个阻碍,爆发出声。

有句俗话叫作"叼字如叼虎",意思就是人们"叼字"时应该像大老虎叼小老虎跳越障碍那样,如果叼得过紧,就会把小老虎叼死,如果叼得太松,又会把小老虎摔死,因此要掌握好火候,不紧也不松,恰到好处。这样就不至于造成生硬和松垮这两种不好的感觉。

(2)立字:立字阶段就是发韵腹的阶段。韵腹是一个音节中最响亮的部分,是响度的中心,音节的音色主要是由韵腹决定的。以 tuán 为例,韵腹就是开口度最大的 a,出字后就应该把发音部位放松,同时口腔大开。即便是开口度较小的高元音如 i、u、ü 等,做韵腹时,开口度也要尽量大些,这样才能使音节"立得住"。在立字阶段,应注意声母和介音的配合,中间不能拉太长。

(3)归音:归音是指音节后部的收尾过程,也就是发完韵腹向韵尾过渡的过程。充当韵尾的都是开口度最小的高元音,归音时应该干净利索,不拖沓,不含糊。常见的毛病有两种,一是拖泥带水,一是火候不够,归音不到家。tuán 这个音节发出响亮完足的韵腹 a 后,舌头应该迅速地抬高并且前伸,向上齿龈方向移动,最后到达上齿龈,同时软腭下降,打开鼻腔通道,带出鼻音色彩。如果音节发完,舌尖没有接触到上齿龈的话,就会归音不到位。普通话中能够做韵尾的只有四个音素:i、u、n、ng(o 在韵母的结尾其实只是一种改写,发音实际是 u),各自归音时要注意以下问题:

i 做韵尾的时候,要注意最后舌位一定要达到一定的高度,假如音节结束时舌位比较低,肯定会造成归音不到位。比如"柴"(chái)、"类"(lèi)的发音。

u 做韵尾的时候,要注意把嘴唇拢圆,舌头要退到口腔的后部。比如"抽"(chōu)、"丢"(diū)的发音。

n 做韵尾的时候,要把舌尖收到上齿龈,挡住气流通过口腔的出路,但不要太过,等鼻音色彩一出现发音就结束。如果舌尖根本接触不到上齿龈,那么肯定前鼻音归音不到位。比如"天"(tiān)、"准"(zhǔn)的发音。

ng 做韵尾的时候,舌头的前半部分应该放松,发音结束的时候,舌根应该接触到软腭,挡住气流通过口腔的出路,一有了鼻音色彩就马上结束。比如"长"(cháng)、"请"(qǐng)的发音。

(4)珠圆玉润——枣核形:吐字归音应该以"枣核形"为理想状态。所谓的"枣核形"也就是指以声母和韵头为音节的开头,像枣核的一端;韵尾为音节的结尾,像枣核的另一端;响亮清晰的韵腹为音节的核心部分,就像一个枣核鼓起的中间部分。

需要注意的是,真正发音时绝对不能把各个部分割裂开来单独用力,整个音节是一个连贯的整体。"前音轻短后音重,两音相连猛一碰"说的就是声介和韵腹韵尾拼合时的要领。字头是整个字音的着力点,字腹是字音中最响亮的部分,字尾则是字音的收束。这几个部分紧密联系在一起,成为一个饱满完整的音节。有的音节并没有介音或者韵尾,零声母音节甚至没有声母,那么这些音节是否也能做到"枣核形"呢?只要多注意,是可以的。因为无论什么音节的发音都是从闭口到开口再到闭口的一个过程,用心揣摩,刻苦训练,你就能让每一个音节饱满圆润。

二、节律技巧

语音的最小单位是音素,在一种具体的语言中,音素又是以音位的形式合成音节的。音节是能够自然感到的最小的语音片段,是语音的基本单位。一般情况下,书面上的一个汉字,反映在口头上就是一个音节。汉语的音节一般都由声、韵、调三个要素构成。因此,学习普通话,纠正方音,必须从声母、韵母、声调这些最基本的成分开始,练好每一个音节的正确发音。

但是,仅仅在静态的条件下发好单个音节的声、韵、调还远远不等于能说好普通话。因为在实际朗读或者说话的时候,我们发出来的往往是由音节和音节连接配合而构成的长短不等的语流。一方面,在语流中由于受到前后音节的影响,某些音节的声母、韵母或者声调的发音会发生一定的变化;另一方面,从表达的角度看,如果想要准确、得体、传神地说出一句、一段话来,还必须处理好声音的语气、轻重、快慢、停延、句调等问题,这些要素构成了口语表达的节律。

节律就是节奏或韵律。它主要是由非音质成分构成的。为了更好地传达出语言的内容,更好地表现出自己的思想感情,能更好地被对方所接受,我们应该了解节律的表达作用。节律主要表现为停延、轻重、句调、语速等几个方面,是这些方面的互相配合、综合运用。同样的内容,用不同的节律来处理,则可以表达出不同的意思,收到不同的效果。

例如"我赞美白杨树",不加标点,就说明它并没有进入交际,只是个短语,是语言备用单位,还不是一个语言表达单位,如果加上句号、问号或叹号,并伴有一定语调,它就成了语言表达的基本单位——句子。加不同的标点,则表达出不同的句意。标点反映的实际上是语气的区别。

相同的语言符号序列,使用陈述、疑问、感叹三种不同的语气,能表达三种不同的句义,构成三个不同的句子。例如:

我赞美白杨树。
我赞美白杨树?
我赞美白杨树!

相同的语言符号序列,语气相同,重读的词语不同,就能强调不同的对象,表达不同的句义。例如:

我赞美白杨树。
我赞美白杨树。
我赞美白杨树。

相同的语言符号序列,语气相同,重读的词语也相同,在词语和词语之间进行长短不同的停顿或延宕,可以表达出不同的情味色彩。例如:

我赞美/白杨树!

我——赞美白杨树!

我——赞美/白—杨—树!

停延、轻重、长短、升降、快慢等都是表达句义的重要手段。掌握节律要素在表达中的作用,恰当地运用这些表达手段,可以使朗读和说话声情并茂、准确妥帖。

语言是用来交际的工具。语义是内容,语音是形式,形式要为内容服务。节律是语言表达的重要手段,不同节律要素在句义表达上有不同的作用。下面我们对停延、重音、句调、语速等节律的重要组成要素进行分析。

(一)停延

停延就是口头表达时声音的停顿和延续(用"/"表示停顿,用"—"表示延续,具体时间的长短则通过数量变化表示)。也有人提出过"停顿",但是"停顿"只表示了语流的中断和停歇,而在实际的表达中,除了中断和停歇,某些音节根据表意的需要往往还有延长。因此我们采用"停延"的说法。

停顿是由音节之间语音的中断造成的,延续是音节尾音音长增加而形成的。停顿和延续既是生理上换气的必然要求,也是更好地传达语言内容的重要方法。

我和哥哥拿着叔叔帮我们做的风筝,高高兴兴地来到体育场。

这句话比较长,如果一口气读下来,不但读的人感到气息不够用,而且听的人也觉得不自然。而如果这样处理,读着轻松,听得也明白:

我和哥哥/拿着—叔叔帮我们做的风筝,‖ 高高兴兴地/来到体育场。

其中,"哥哥"和"高高兴兴"的后面应该做适当的停顿,而"拿着"后面则要通过声音的延续来区分开动词和宾语。如果"拿着"后面没有停延的话,这句话就很容易被听成"我和哥哥拿着叔叔",因而闹笑话。

1. 语法停延

我们把停延分为两种:语法停延和强调停延。

语法停延是反映语言内部结构层次关系的停延。语言中大大小小的单位——词、短语、句子、句群之间存在着各种各样的结构关系。语法停延就是为了适应表达语言内部结构关系的需要而做出的语音处理。这是最基本的停延。

(1)句子内部的停延。

句子内部的停延一般时间都比较短。往往发生在主语和谓语,述语和宾语,定语、状语和中心语之间。在这些成分的中间略做停延,可以更加清楚地表明整个句子的结构层次、结构关系,更好地传达整个句子的含义。

①　主语和谓语之间。

主语是被陈述的对象,谓语是对主语的陈述、说明,在它们之间略做停延,可以突出主语的情况,让听者更好地把握全句的意思。如:

这一片片白帆/是能教人想得很远、很远的。

彩虹/是幸福的桥。

离开家乡/已经六年了。

我们/都忘了看红叶。

②　述语和宾语之间。

述语(动词)和宾语之间是支配、关涉的关系,在这里略做停延,可以引起听者注意,突出宾语。

我们上了/半山亭,朝东一望,真是/一片好景。

南国的人们也真懂得/欣赏这些春天的使者。

在草坪中央的几方丈的地面上,聚集着/数以万计的美丽的蝴蝶。

③　定语、状语和中心语之间。

定语和状语属于句子的修饰成分,被它们修饰的成分是中心语。一个中心语往往有不止一个修饰成分,这样,在每个成分之间可以略做停延,以便听者更好地理解句子的层次。但是,一般情况下,与中心语最接近的那个修饰成分后不应该有停延。

使你看不到宽大的天幕上/更多的/亮晶晶的星儿。

又像迫人而来的河岸上/缀满珠子的峰峦。

有撑起伞/慢慢走着的人。

不会游泳的母亲费了许多力气/将我/从死神手中拉了回来。

④　其他语法停延。

除了以上常见的句法成分之间的停延,某些句子中还需要利用停延来区别词语的意义和词性,从而排除歧义。这也属于语法停延。

我/跟他去北京。("跟"是介词)

我跟他/去北京。("跟"是连词)

她看到儿子/有些奇怪。(感到奇怪的是"她")

她看到/儿子有些奇怪。(感到奇怪的是"儿子")

（2）复句和句群内的停延。

前面分析的是发生在句子（单句）内部的停延。由分句构成的复句内部，除了各个分句内应按照规律在成分之间进行停延外，分句之间的停延更为明显。而且，多重复句内部的停延是揭示分句间逻辑关系的重要方法。句群内的停延和复句的情况相同。

没有月光的晚上，/这路上阴森森的，/有些怕人。‖今晚却很好，/虽然月光也还是淡淡的。

有的人活着，/他已经死了；‖有的人死了，/他还活着。

去的尽管去了，/来的尽管来着；‖去来的中间，/又怎样地匆匆呢？

在书面上，标点符号和段落也反映话语的结构关系，因此，它们也是确定停延的重要标志。一般情况下，句号、叹号、问号的停延要长于分号、冒号、逗号，逗号又长于顿号。省略号和破折号则可以根据具体情况适当掌握。

2. 强调停延

强调停延就是根据表情达意的需要，在没有标点或者语法停延规律要求之外的地方进行停延。这样做，往往可以起到突出某种语意、强调某种观点和加强某种感情的作用。强调停延是在语法停延的基础上做出的进一步的处理。它可以变换语法停延的规律，在不必做语法停延的地方停延；还可以根据需要，对语法停延的时间长短做出变更。这是更高层次的一种技巧，也是反映一个人口头表达能力的重要指标。

我觉察他去的/匆匆了，伸出手遮挽时，他又从遮挽着的手边/过去。

这句话中，在"去的"后略做停延，可以突出后面的"匆匆"，而在"手边"后面做停延，可以强调"过去"的不可避免，发人深思。

第二天的清晨，这个小女孩/坐在墙角里，两腮/通—红—，嘴上/带着/微—笑—。她/死/了，在旧年的大年夜/冻—死—了。

这句话中的"小女孩""两腮""嘴上"的后面本来也是语法停延的地方（主谓之间），但应该比一般情况下的主谓间停延时间长，以便引起听者的关注。而"通红""微笑"这两个词，每个音节都应该略做延长，以便使小女孩的形象更加生动鲜明。"她死了"应该一字一顿，渲染强调这个悲惨的结局。接下来的"在旧年的大年夜"应该加快速度，加大音量，同时后面应有较长的停顿，最后的"冻死了"则应该声音延长，呼应前面的"她死了"，把听者的感情带向高潮。

这时候最热闹的，要数树上的蝉声/和水里的蛙声；但—热闹是它们的，我—什么也没有。

这句话中，"蝉声"后面略做停顿，可以突出强调这两种热闹的声音。而后面的"但"略做延续，使前面那种快乐的气氛陡然转换，表达出作者的感情变化。而最后在"我"字后进行较长时间的延续，则更加反衬出作者的孤独和失意。

需要说明的是，对某些句子来说，停延的处理方法可能不是唯一的。在不同的位置进行停延，尽管节律形式上可能有较大的差异，却可能都会收到良好的效果。但不论如何停延，都有一个基本的出发点，那就是更好地表达语言的内容。

你—是一颗明珠，镶嵌在南中国的海岸。

你是—一颗明珠，镶嵌在南中国的海岸。

你是一颗—明珠，镶嵌在南中国的海岸。

这句话在朗诵的时候，可以有这么三种不同的处理方法，很难说哪一种是效果最好的。在充分理解内容，熟练掌握停延技巧的情况下，表达者可以根据自己的习惯、理解，对同样的文字做出不同的处理，显示出一定的个人风格。

（二）重音

由于表意的需要，语流中某些音节的发音较为明显突出，这就是重音。重音主要是由音强决定的。音长、音高也起到一定的作用。但需要指出的是，尽管我们把这种现象叫作"重音"，也并不是意味着只有加大音强、增加音量才能形成重音（词重音除外）。这里的"重"理解为"突出、明显、重要"更合适些。

因此，普通话重音的表现形式也是多种多样的，最常见的是加大音量，除此之外还有减小音量、扩大音域、增加或缩短音长、前后稍做停顿、利用虚声、气声等。不论哪种方式，目的都是一样的：在语流中，通过对比反衬，突出表意的重点，引起听者的注意。或者是由于语言结构的需要，或者是由于主观因素的影响，语流中总有某些音节需要重读、突出。前者是语法重音，后者是强调重音。

1. 语法重音

根据句子的结构关系，某些句子成分往往需要读得略重一些，这就是语法重音。语法重音并不表示什么特殊的意义，只是一种固定的结构规律在语音上的表现，因此位置也比较固定。语法重音也是语句重音的基本形式。一般情况下，这些成分需要重读：

（1）主谓短语构成的短句中，谓语中心词要重读。如：

东风来了,春天的脚步<u>近</u>了。

今天<u>星期三</u>。

山<u>朗润</u>起来了,水<u>涨</u>起来了,太阳的脸<u>红</u>起来了。

燕子<u>去</u>了,有再来的时候;杨柳<u>枯</u>了,有再青的时候;桃花<u>谢</u>了,有再开的时候。

(2) 偏正短语中的修饰语要重读,包括定语和状语。如:

那<u>千千万万朵笑脸迎人</u>的鲜花,仿佛正在用<u>清脆细碎</u>的声音浅笑低语。

现在,我终于亲眼看到这<u>思慕已久</u>的雄关了。

我对白帆还有另外一种<u>更深</u>的追念。

一个<u>欢乐</u>的声音从背后插进来。

(3) 述宾短语中,宾语往往要重读。如:

那株大榕树,它像一个长者,默默地启示着<u>我们</u>。

我越来越喜欢<u>植物世界</u>了,因为这个世界里充满了<u>和谐与生机</u>,充满了<u>宁静与安详</u>。

几个年轻的姑娘赤着<u>脚</u>,提着<u>裙子</u>,嘻嘻哈哈追着<u>浪花</u>玩。

为了装点这凄清的除夕,友人从市集上买来一对<u>红烛</u>。

(4) 述补短语中,补语要重读。如:

天冷<u>极</u>了。

树叶儿绿得<u>发亮</u>,小草也青得<u>逼你的眼</u>。

他紧张得<u>连大气也不敢出</u>。

这节课精彩得<u>很</u>。

(5) 疑问代词、指示代词和活用的代词(任指、虚指、不定指)要重读。如:

<u>谁</u>让你来的?

<u>这</u>不是很伟大的奇观吗?

他无论<u>谁</u>的话也听不进去。

想不到苦雨孤灯之后,会有<u>这么</u>一幅精美的图画。

2. 强调重音

又叫逻辑重音或者感情重音,指在口头表达时根据表情达意的需要而对某些音节做重音处理,以突出该音节的意义,使听者更好地理解。相对于语法重音而言,强调重音可以说是一种高级的重音形式。它不像语法重音那样有固定的规律可以参照,在什么地方重读应完全根据上下文语境及表达的需要来决定。强调重音和强调停延一样,可以反映出一个人的理解能力和语言素养,是构成节律的重要因素。

例如"我知道你会唱歌"这句话,可以有多种读法,而每一种读法背后都暗含着不同的语意背景。

再比如:

弯弯的杨柳的稀疏的倩影,却又像是画在荷叶上。

这句话里应该重读的是"画"字,把月光下的树影映在荷叶上用"画"这个动词来表现,显得新颖灵动,别有风味。

重和轻是相对的,在一句话中重读的成分不能太多,否则容易造成失去表意的重心——都是重点也就没有了重点。尽管强调重音不像语法重音那样在语句中有比较固定的位置,但它还是有一定的规律可循。有的时候,强调重音所在的位置和语法重音的位置是一致的,这时需要在原来语法重音的基础上加大力度,突出强调该音节,使重音更为鲜明。而有的时候,则需要具体体会分析,在语法重音之外专门考虑强调重音的问题。

3. 句调

句调是贯穿于整个句子的高低升降的变化。这种变化主要由音高构成,和音强、音长、音色也有密切的关系。虽说它贯穿于整个句子,但是表现最明显的还是句子末尾的音节。句调和音节的声调有关,但句调绝不是音节声调的简单相加。一般把句调分为平、升、曲、降四种基本类型,尽管和声调的类型一样,但是句子的高低升降变化要远比音节的高低升降变化复杂。这也只是一个大致的分类。句调在语流中有非常重要的作用,它不但是句子语气类型划分的依据,也是表情达意过程中重要的辅助表达手段,是语调的主体。

(1) 平调。

句子(或分句)末尾部分的高低没有特别明显的升降变化,语势平直舒缓。一般用来表达客观、严肃、冷淡、庄重情绪的陈述、说明性的句子多用平调。如:

今天白天,晴转多云,偏南风三到四级,最高气温 28 摄氏度。(客观)

峨眉山下,伏虎寺旁,有一种蝴蝶,比最美丽的蝴蝶可能还要美丽些,是峨眉山最珍贵的特产之一。(客观)

我没有什么要交代的。(冷淡)

在历次战斗中牺牲的英雄们永垂不朽。(庄重)

（2）降调。

句子(或分句)末尾部分下抑,语势前高后低或前平后降。随着语气的不同,这种变化有的明显有的微弱。一般用来表达请求、感叹、赞扬、坚决、沉痛等语气的陈述句、祈使句和疑问代词处于句首的疑问句多用降调。如:

广州今年最大的花市设在太平路,就是历史上著名的十三行一带。（肯定）

多么蓝的天啊!（感叹）

举起手来!（命令）

再给我一次机会吧!（请求）

你再也不要吸烟了!（劝阻）

谁告诉你的?（疑问）

（3）升调。

句子(或分句)末尾上升,语势前低后高或前平后扬。用来表达设问、反问、疑问、号召、鼓动、惊异等语气的疑问句和感叹句,一般多用升调。如:

这是什么树? 怎么不大像枫叶?（疑问）

为什么我的眼里常含泪水? 因为我对这土地爱得深沉。（设问）

难道你觉得树只是树?（反问）

中华人民共和国成立了! 中国人民站起来了!（感叹）

（4）曲调。

整个句子的语势呈现出明显的曲折变化,一般分为降升调和升降调两种。表示怀疑、讽刺、夸张、幽默、双关等语气的疑问句、陈述句、祈使句多用曲调。如:

你行,你什么都行!（讽刺）

我不会说普通话?（怀疑）

你这个人真是太好了!（讽刺）

4. 语速

语速指口头表达时的快慢,主要取决于音长。音节的音长较短且连接得比较紧密,语速就快;反之则慢。在朗读节律中,语速和停延、重音、句调会互相影响,因为速度的快慢要取决于内容的特点和表达者的感情态度。一般说来,欢快、兴奋、激动、紧张、惊恐、愤怒时,语速要快;而忧郁、压抑、悲痛、庄严、平静、迟疑、失望时,语速较慢。语速不但是节律的重要组成部分,而且还可以体现出一段话的基调。

（1）快速。

表现热闹的场景或激动的心情：

在苍茫的大海上，狂风卷集着乌云。在乌云和大海之间，海燕像黑色的闪电，在高傲地飞翔。一会儿翅膀碰着波浪，一会儿箭一般地直冲向乌云，它叫喊着，——就在这鸟儿勇敢的叫喊声里，乌云听出了欢乐。在这叫喊声里——充满着对暴风雨的渴望！在这叫喊声里，乌云听出了愤怒的力量、热情的火焰和胜利的信心。（热闹）

现在，我终于亲眼看到这思慕已久的雄关了。啊，好一座威武的雄关！果然名不虚传：那气势的雄伟，那地形的险要，在我所看到的重关要塞中，是没有能与它伦比的了。（激动）

哎呀，大会马上就开始了，他怎么还不来啊？（焦急）

（2）中速。

适用于一般性的陈述、说明：

月光如流水一般，静静地泻在这一片叶子和花上，薄薄的青雾浮起在荷塘里。叶子和花仿佛在牛乳中洗过一样，又像笼着轻纱的梦。（陈述）

空间在人类的发展中，是无所不在的、不可或缺的。但是，由于人类的局限性，我们无法了解空间的无限，只能在有限的空间内生活。就是在这有限的空间中，我们也只是沧海一粟。（说明）

（3）慢速。

适用于表现沉重的情绪、压抑的气氛：

在这千万被饲养者中间，没有光，没有热，没有温情，没有希望……（压抑）

就在那年秋天，母亲离我们去了，小弟弟一生下来不哭也不动，也追随母亲去了。为了我的生存，母亲去了，弟弟也去了。母亲生育了我，又从死神手中救了我。（沉痛）

这些只是对语速的粗疏分类，在具体的表达过程中，根据内容的需要和表达者的感情变化，语速也呈现出多种多样的组合变化形式。任何一篇文章、一段话内部，总是存在着快慢的对比和变化。

停延、重音、句调、语速等要素构成了语音的节律特征，节律可以起到避免单调呆板、突出表达重点、更好地实现语言交际功能的重要作用。

第三节　不同体裁作品的朗读

一、说明文朗读要领

（一）把握说明文文体特点

说明文是介绍、说明工农业生产、科学技术研究和日常生活中事物的性质、特点及规律的文章，以说明为主要表达方式，语言特点是准确、简明、平实；说明文的种类有介绍性、记叙性、文艺性、实用性。

（二）明确说明文朗读方法

（1）全面认识和理解所说明事物的本质特征，加以明白无误、质朴自然的表达，总体基调是平实的；

（2）区别说明的种类，有针对性地确定朗读的基调和具体技巧；

（3）从整体与局部梳理和把握文章的逻辑层次，恰当运用朗读的内部技巧和外部技巧；

（4）准确运用语势、停顿、重音、节奏等技巧，突出文章的层次和事物的特征。

【练习】

赵州桥非常雄伟，全长 50.82 米，两端宽 9.6 米，中部略窄，宽 9 米。桥的设计完全合乎科学原理，施工技术更是巧妙绝伦。唐朝的张嘉贞说它"制造奇特，人不知其所以为"。这座桥的特点是：（一）全桥只有一个大拱，长达 37.4 米，在当时可算是世界上最长的石拱。桥洞不是普通半圆形，而是像一张弓，因而大拱上面的道路没有陡坡，便于车马上下。（二）大拱的两肩上，各有两个小拱。这是创造性的设计，不但节约了石料，减轻了桥身的重量，而且在河水暴涨的时候，还可以增加桥洞的过水量，减轻洪水对桥身的冲击。同时，拱上加拱，桥身也更美观。（三）大拱由 28 道拱圈拼成，就像这么多同样形状的弓合拢在一起，做成一个弧形的桥洞。每道拱圈都能独立支撑上面的重量，一道坏了，其他各道不致受到影响。（四）全桥结构匀称，和四周景色配合得十分和谐；桥上的石栏石板也雕刻得古朴美观。

（节选自教育部审定义务教育教科书《语文》八年级上册《中国石拱桥》）

二、记叙文朗读要领

记叙文无论记人、记事、写景、状物，总要给人以启迪，很少说教。朗读记叙文要注意以下几点：

（1）要抓住作品的发展线索，还要看作品的立意。

（2）记叙文的语言细腻，大量篇幅是叙述，朗读叙述语时，要注意把语句化开，防止吃字、滚字。朗读描写语句，必须把握生活的真实再现，忌故作多情、自我陶醉，不过多地使用长时间停顿、延长音节、拖长句尾等手法。

（3）记叙文中常常有人物出现。在朗读时，一般以人物的精神境界、人物的思想深度为重点，也要照顾到人物的性格特征、年龄大小和人物之间的关系（包括与"我"的关系）。对于表现人物来说，一定不要模拟人物的音容笑貌、方言土语。

（4）朗读记叙文时，声音要轻柔化。要表达自己的真实见闻和感受，给人以美感享受。

【练习】

这一天，总理办公室通知我去中南海政务院。我走进总理的办公室。那是一间高大的宫殿式的房子，室内陈设极其简单，一张不大的写字台，两把小转椅，一盏台灯，如此而已。总理见了我，指着写字台上一尺来高的一叠文件，说："我今晚要批这些文件。你们送来的稿子，我放在最后。你到隔壁值班室去睡一觉，到时候叫你。"

……

在回来的路上，我不断地想，不断地对自己说："这就是我们的总理。我看见了他一夜的工作。他是多么劳苦，多么简朴！"

（节选自何其芳《一夜的工作》）

记叙文可以分为通讯、散文、游记、回忆录等，朗读时要加以区别。

三、议论文朗读要领

(一) 把握议论文文体特点

作者用明确的事实、严密的逻辑和有力的语言来阐述个人主张。议论文"三要素"：论点、论据、论证。论证方法：举例、对比、数据、引用等。文体特点：摆事实，讲道理；观点明确，是非清楚；感情浓重，情理并重；逻辑严密，层次清晰。

（二）明确议论文朗读方法

（1）朗读议论文要清晰、自然、语义连贯；

（2）摆事实，讲道理，要读得明白无误，坚定有力；

（3）正反对比，要用不同语气表达出来；

（4）读出层次结构，注意停顿、重音、语速、音量；

（5）恰当运用语势、语调，感情饱满，爱憎分明。

【练习】

我们对于传说的话，不论信不信，都应当经过一番思考，不应当随随便便就信了。我们信它，因为它"是"；不信它，因为它"非"。这一番事前的思索，不随便轻信的态度，便是怀疑的精神，也是做一切学问的基本条件。我们听说中国古代有三皇、五帝，便要问问：这是谁说的话？最先见于何书？所见的书是何时何人著的？著者何以知道？我们又听说"腐草为萤"，也要问问：死了的植物如何会变成飞动的甲虫？有什么科学根据？我们若能这样追问，一切虚妄的学说便不攻自破了。

我们对于不论哪一本书，哪一种学问，都要经过自己的怀疑：因怀疑而思索，因思索而辨别是非；经过"怀疑""思索""辨别"三步以后，那本书才是自己的书，那种学问才是自己的学问。否则便是盲从，便是迷信。孟子所谓"尽信书则不如无书"，也就是教我们有一点怀疑的精神，不要随便盲从或迷信。

（节选自教育部审定义务教育教科书《语文》九年级上册《怀疑与学问》）

四、寓言、童话朗读要领

（一）寓言

寓言分一般寓言和童话寓言两种。它是用比喻、拟人、象征等含蓄手法写成的小故事。运用通俗、假托的小故事隐喻一定的道理，说明一个哲理性的主题，使读者从中受到启发和教育。其特点是语言含蓄、生动活泼，篇幅短小，情节紧凑，富于浪漫夸张，人或物的个性形象鲜明，感情外露明显，是非特点突出，说理具体深刻。朗读寓言，必须仔细分析寓言中话语的含义、人物的个性心理、故事的情节及其蕴含的哲理。人物的个性心理通过故事中人物的言行表现出来，寓言的哲理是通过故事中角色的愚行窘态展现出来的，在朗读中必须通过恰当的语气语调，淋漓尽致地加以表现。

【练习】

古时候有个人，他巴望自己田里的禾苗长得快些，天天到田边去看。可是一天，两天，三天，禾苗好像一点儿也没有长高。他在田边焦急地转来转去，自言自语地说："我得想个办法帮它们长。"

一天，他终于想出了办法，就急忙跑到田里，把禾苗一棵一棵往高里拔，从中午一直忙到太阳落山，弄得筋疲力尽。

他回到家里，一边喘着气一边说："今天可把我累坏了！力气总算没白费，禾苗都长高了一大截。"

他的儿子不明白是怎么回事，第二天跑到田里一看，禾苗都枯死了。

（《揠苗助长》）

（二）童话

童话是根据儿童特点、从儿童的心理状况出发、使用儿童语言、写给儿童阅读的文体。从内容形式上分，有三种：一种是故事童话。它既有故事情节，又以童话的形式出现，其特点是借助人或动植物的思想或活动反映或宣传某种事物或道德，如《卖火柴的小女孩》《乌鸦喝水》《捞月亮》等。第二种是寓言童话。以童话的形式出现，其特点是依靠某假托体讲述一个故事，进而隐喻一个哲理，如《狐假虎威》《狐狸和乌鸦》等。第三种是科学童话，其特点是由事物的发展变化，说明事物的成因、机理和本质属性，揭示自然奥秘，展示科学道理，如《小壁虎借尾巴》《植物妈妈有办法》等。

童话的朗读，要体现儿童口吻，以使儿童的思维和情感顺利地进入童话故事之中。要做到：

（1）努力适合儿童的心理状态；

（2）要确定好褒贬对象，恰当地表现立场和情感；

（3）要体现不同角色说话的音色特点。

【练习】

没有尾巴多难看哪！小壁虎想，向谁去借一条尾巴呢？

小壁虎爬呀爬，爬到小河边。他看见小鱼摇着尾巴，在河里游来游去。小壁虎说："小鱼姐姐，您把尾巴借给我行吗？"小鱼说："不行哪，我要用尾巴拨水呢。"

小壁虎爬呀爬，爬到大树上。他看见老黄牛甩着尾巴，在树下吃草。小壁虎说："黄牛伯伯，您把尾巴借给我行吗？"老黄牛说："不行啊，我要用尾巴赶蝇子呢。"

小壁虎爬呀爬,爬到房檐下。他看见燕子摆着尾巴,在空中飞来飞去。小壁虎说:"燕子阿姨,您把尾巴借给我行吗?"燕子说:"不行啊,我要用尾巴掌握方向呢。"

小壁虎借不到尾巴,心里很难过。他爬呀爬,爬回家里找妈妈。

……

(节选自《小壁虎借尾巴》)

五、诗歌朗读要领

(一) 儿歌

儿歌是为儿童所吟唱的一种简短的歌谣。大多适合于幼儿园和小学低年级阶段的儿童。朗读儿歌时要注意以下四点:

(1) 注意把握儿童心理,要有童心,能感受儿童的情思和情趣。

(2) 儿歌字节整齐,押韵,朗朗上口,易唱易记。朗读要有音韵美和节奏感。

(3) 儿歌感情纯真,内容欢快明朗。朗读时语气中要带出快乐、轻松的情绪。

(4) 注意面部表情与手势的结合。

【练习】

阳光照,鸟儿叫,

背起书包上学校。

见了老师开口笑:

"老师,您早!"

"老师,您好!"

老师夸我有礼貌。

(二) 格律诗

(1) 格律诗的字数一定。要注意文字语言中的标点符号同朗读时停顿的位置是一致的,不能显出字数似乎不同的样子来。

(2) 格律诗的语节一定。也就是说,在诗的格律要求上表现为各句中词的疏密度大体相近。一般来说,七言绝句和七言律诗按"2、2、3"分节停顿,也有"4、3"的格式;五言绝句,就字数说,可按"2、3"分节停顿。

(3) 格律诗的韵脚一定。在朗读时,出于音韵的需要,必须给韵脚以呼应,在韵脚不是重音的诗句中也要适当地比其他音节读得响亮些。

（4）格律诗平仄一定。在朗读时，平仄相对应，语势变得更为错落有致，节奏抑扬回环更加鲜明。

（5）语无定势。朗读时要表达丰富的感情、深邃的意境，不单调，不复沓，还需打破"一定"的局限。

【练习】

登鹳雀楼

王之涣

白日依山尽，黄河入海流。

欲穷千里目，更上一层楼。

春夜喜雨

杜 甫

好雨知时节，当春乃发生。

随风潜入夜，润物细无声。

野径云俱黑，江船火独明。

晓看红湿处，花重锦官城。

早发白帝城

李 白

朝辞白帝彩云间，千里江陵一日还。

两岸猿声啼不住，轻舟已过万重山。

七律·长征

毛泽东

红军不怕远征难，万水千山只等闲。

五岭逶迤腾细浪，乌蒙磅礴走泥丸。

金沙水拍云崖暖，大渡桥横铁索寒。

更喜岷山千里雪，三军过后尽开颜。

（三）现代诗歌

现代诗歌句式自由流畅，朗读应注意：

（1）细致感知诗歌内容，体味诗歌内涵意境；

（2）积极投入感情朗读，读出诗外之意。

　　情感是诗人创作的出发点,是沟通诗作、诗人、读者、听者的精神纽带。如果抽掉了诗歌朗读中的情感要素,朗读将变得索然无味,听众的"赏听"期待成为负值,也就没有一点感染力。

　　在诗歌朗读活动中投入的情感可细分为几个层面:一是对读诗有神圣感,认为这是崇高的精神活动,先要沉静下来,净化一下心灵;二是对诗人有亲近感,通过朗读走近诗人,亲聆謦欬,仰慕诗人心灵境界;三是对诗作产生共鸣,消除与诗作的情感隔阂、时代隔阂、空间隔阂。例如,对戴望舒《雨巷》"朦胧爱情"的体味,对徐志摩《再别康桥》"绵绵别情"的感受,对艾青《大堰河——我的保姆》"赤子之情"的体验。

　　(3)仔细把握朗读节奏,体验诗歌的音韵美。

　　每一首诗歌,都有各自的节奏、韵律,朗朗上口、抑扬顿挫的朗读,不但使人情感共鸣,事理共享,还能让人体验现代诗歌的音韵美。

【练习】

撑着油纸伞,独自

彷徨在悠长、悠长

又寂寥的雨巷

我希望逢着

一个丁香一样的

结着愁怨的姑娘

她是有

丁香一样的颜色

丁香一样的芬芳

丁香一样的忧愁

在雨中哀怨

哀怨又彷徨

(节选自戴望舒《雨巷》)

我们静静地坐在湖滨

听燕子给我们讲讲南方的静夜

南方的静夜已经被它们带来

夜的芦苇蒸发着浓郁的热情——

我已经感到了南方的夜间的陶醉

请你也嗅一嗅吧这芦苇丛中的浓味

(节选自冯至《南方的夜》)

六、散文朗读要领

散文可以泛指韵文以外所有的文章,包括小说和议论文,但是也可以特指以抒发作者个人感受为主的文章,一般把这后一类散文称为"抒情散文"。朗读、朗诵的散文多半指后一类。散文总是作者从主观视点来观察世间万物,有所感悟,有感而发,抒发自己的感想。散文朗读的基调相对平缓,没有太大的起伏;即使是在作品的高潮,也不会像演讲那样异峰突起,慷慨激昂。

(1)把握散文文体特点——形散神凝,抒情性强。

(2)朗读要求——亲切、自然、朴实。

【练习】

饭后放舟湖中,到平湖秋月去。是时月刚从东方升起,尚未到中天,清辉斜射湖面,漾成一道金光,涟漪微动,金光也因之忽聚忽散。平湖秋月只是湖中一个小岛,岛上几椽小楼,破敝得仅蔽风雨。若白昼来游,恐怕人人都要望望然而去之。可是清夜来此玩月,确不愧为西湖名胜之一。月夜原是神秘的,幽静的,凄清的,所以与其在歌吹喧阗、灯光辉煌的地方玩月,毋宁在寂寥无人、幽暗阒静的所在。幽暗可以衬出月色皎洁,阒静可使观者的精神舒缓,与月冥合。平湖秋月的妙处,便是树多。树多即可增进幽暗。换句话说,就是此地能造成分外皎洁的月色。试想在这黑洞洞、四面又都是烟波渺茫的地方,望着水似的长空嵌着一轮明月,怎能不感到月色分外晶莹,水天分外寥廓?我们大家或坐在树下促膝谈心,或坐在船上叩舷高歌,或独立小石桥上对月凝思。"年年月华如练,长是人千里。"忽然有人凄然地念着,其声清切,如出金石,林木的枝柯似都为之颤动了。由平湖秋月登舟,过锦带桥,到断桥泊着。我们都到桥上步月。此时月已到中天,湖面的万道金光,竟变成一点明珠。回望葛岭、南屏诸山,只能于烟波深处得仿佛。整个西湖都浸在月华中了。

(节选自冯沅君《清音》)

我读着海。我知道海是古老的书籍,很古老很古老了,古老得不可思议。

原始海洋没有水,为了积蓄成大海,造化曾经用了整整十亿年。造化天才的杰作呵!十亿年的积累,十亿年的构思,十亿年吮吸天空与大地的乳汁。雄伟的横贯天地的巨卷呵!谁能在自己的一生中读尽你的丰富而博大的内涵呢?

有人在你心中读到豪壮,有人在你身上读到寂寞,有人在你心中读到爱情,有人在你心中读到仇恨,有人在你身边寻找生,有人在你身边寻找死。那些蹈海的英雄,那些自沉海底的失败的改革者,那些越过怒涛向彼岸进取的冒险家,那些潜入深海发掘古化石的学者,那些耳边飘忽着丝绸带子的水兵,那些驾着风帆顽强地表现自身强大本质的运动健将,还有那些仰仗着你的豪强锂而走险的强盗,都在你这里集合过,把你作为人生中拼搏的舞台。

你,伟大的双重结构的生命,兼收并蓄的胸怀:悲剧与喜剧,壮剧与闹剧,正与反,潮与汐,深与浅,珊瑚与礁石,洪涛与微波,浪花与泡沫,火山与水泉,巨鲸与幼鱼,狂暴与温柔,明朗与朦胧,清新与混沌,怒吼与低唱,日出与日落,诞生与死亡,都在你身上冲突着,交织着。

(节选自刘再复《读沧海》)

第三章
演　讲

第一节　演讲概述

演讲就是说话者在特定的时境中,针对社会的现实和未来,面对广大听众发表意见、抒发情感,从而达到感召听众并促使其行动的一种现实的信息交流活动。

演讲从形式上分,有命题演讲、即兴演讲;从内容上分,有政治演讲、学术演讲、司法演讲、管理演讲、礼仪演讲等;从风格上分,有激昂型、活泼型、严谨型、深沉型等。演讲类型的划分是相对的,其风格相互渗透和包含,但每次演讲应有一种基本风格。

一、演讲的特征

作为一种蕴含艺术性的语言交流活动,演讲主要有以下几方面的特征:

(一) 综合性和艺术性

演讲又称演说,"讲"是讲明道理,表达对某一问题的看法。"演"是借助声音、表情、动作来加强演讲的生动性。演讲以讲为主,以演为辅,运用有声语言,加上"无声"的动作、体态、表情,两者相辅相成,巧妙结合,融为一体。要"讲"得好,就要有一定的逻辑、修辞、音韵、朗读等方面的知识和修养,要充分打磨演讲稿;在讲的时候,要字正腔圆、抑扬顿挫、悦耳动听。要"演"得好,就要有动人的表情、得体的动作、大方的外表等与之配合。演讲是优于一切现实的口语表现形式,成功的演讲,除了演讲手段和技巧本身要吸收多种艺术表现方式外,其强烈的感染力、严谨绵密的结构安排、演讲者的风度仪表,无不体现出浓郁的艺术性。

（二）社会性和现实性

演讲活动发生在社会成员之间，它是一个社会成员对其他社会成员进行宣传鼓动活动的口语表达形式。因此，演讲不只是个体行为，还具有很强的社会性。演讲是一种独白，是一种以单向交流为主的语言活动，它以演讲者演讲为主，以听众互动为辅，但演讲的根本目的在于通过观察社会现实生活、宣讲典型事例、抒发真实感受来感染听众，使听众产生情感共鸣，最终演讲者以自己的演讲对一个社会群体甚至整个社会产生影响。

（三）感染性和鼓动性

演讲者是演讲活动的主体，在整个演讲过程中，一人讲，众人听，听众始终处于接受地位。因此真正意义上的演讲，是高度个性化的活动，是一个人的性格、气质、口才、魅力的综合反映。有的演讲者，自己站在讲台上虽然也能侃侃而谈，旁征博引，有时还能插入一些令人捧腹的俏皮话，说理似乎也很透彻，但不能激起听众热烈的反响。听众既不动心，也不动情，原因何在？就是因为他们的演讲只有客观的叙述，而没有自己的喜怒哀乐，缺乏自己独特的观点与感受，没有鲜明的个性，也就是缺少感染力和号召力。

演讲不宜表现悲观、压抑、沉闷的感情，更不宜表现渺小、狭隘、猥琐的个人私情，而应着力表现对祖国、对人民、对社会、对时代的深切热爱和真实感受，对真善美的执着追求。真正的演讲，要着力表现阳刚之气，使人振奋，鼓舞人心。

（四）逻辑性和时间性

此外，演讲直接诉诸听众的听觉视觉感官，要有逻辑性、时间性。古今中外的著名演讲，都能在有限的演讲时间内，切中时代脉搏，论证有力、层层推进地发出属于那个时代的声音。演讲，以短居多，以短为贵，以精为佳。太长容易使听众产生接受疲惫，如果既长又没有新鲜的内容、清晰的逻辑和明确的观点，就更没有人愿意听，也就产生不了演讲效果。

二、演讲的基本要求

成功的演讲应该做到以下几点。

（一）观点鲜明、平实亲切

演讲必须有充实的内容。单纯追求技巧而内容空泛的演讲，只会给人留下无病呻吟或哗众取宠的印象。演讲的内容必须是正确的，一要实事求是，二要具有科学性和真实性，不能出现知识性错误，更不允许宣传迷信、错误或反动的东西。演讲所阐发的各种思想，必须旗帜鲜明，便于听众做出明确的选择。同时，演讲最忌讳"老生常谈"，演讲者所阐发的思想观点，要在人们现有的知识和认识水平的基础上有所突破、有所创新，能给人以启发教益。此外，无论传达多么重要、多么正确、多么先进的思想，演讲者都要平易近人，切忌拿真理吓人，或板着面孔说教，或打着名人的幌子压人。

（二）材料充实、论证严密

演讲要靠事实说话。演讲者所运用的材料，一是要充分，既要有逻辑缜密的理论论证，也要有具体的材料加以支撑。如可以引用名人名言、格言警句，或讲述一些情节生动、感人的故事，还可以适当展示图表、数字、图画或实物来说明问题。二是要确凿，各种用以说明问题、论证观点的材料，不能是"大概""估计"的，而是要确实、肯定的。各种材料，应具有现实针对性，是典型有力最能说明问题的。除此之外，演讲时运用的材料能否发挥其应有的作用，在很大程度上取决于材料与观点结合水平的高低。所以，演讲要想论证严密、说理透彻，就要让整个材料与观点的组合产生一种不可辩驳的逻辑力量。

（三）语言通俗、声音洪亮

演讲的语言应该是典型的大众化口语。除了一些礼仪性、惯例式的演讲讲究措辞或使用一些固定词汇、固定表达方式外，一般来说，演讲要通俗易懂、深入浅出、生动活泼。一是要句式简短，句型灵活，节奏感强；二是要多用那些音节流畅而又表述庄重、简洁明确的口语词汇，尽量少用专门术语。演讲语言的使用，最忌讳堆砌辞藻、文白夹杂，或行文不畅、生涩难懂。同时，演讲者的声音，必须清晰洪亮，以适应"大庭广众"这一特定场合的需要。

（四）感情真挚、态势得体

演讲必须"动之以情"，才能"晓之以理"。演讲中的感情，一要真挚，最忌讳装腔作势；二要朴素自然，要随着演讲的节奏、内容与进程的需要，自然而然地流露，切忌不合时宜地铺陈张扬、虚张声势，一味地追求所谓高亢、铿锵，以免弄巧成拙、画蛇添足。演讲中的态势语是比较丰富的，但要服从内容表达的需要，切忌过多过滥，以免矫揉造作、喧宾夺主或因举止不雅而失态，降低演讲的水准。

第二节　演讲的准备

命题演讲有足够的时间准备材料和训练，即兴演讲的准备在于平时的知识积累和基本功训练。

一、演讲的准备

在演讲的准备过程中要达到以下几个方面的要求。

（一）明确目的，确定主题

演讲，首先都要搞清一些具体情况，比如：听众是谁、想解决什么问题、达到什么目的、演讲要求的时间长短、听众的人数等。这样不仅可以帮助演讲者了解听众，明确演讲目的，做好心理准备，还可以为进一步确定主题奠定基础。

了解具体情况后，要认真确定主题。主题是演讲的灵魂。确定主题时，要充分考虑演讲的时代性和针对性，选择与时俱进、听众普遍关注或感兴趣的话题会具有更强的吸引力。选择的主题还必须集中、正确、新颖、深刻。集中，指一篇演讲一般只能有一个主题，并且要围绕主题阐述，不能出现距离模糊、思想枝蔓的现象。正确，是指观点见解要有积极意义，能使听众受到教益，取得良好的社会效应。新颖，指见解要独特醒目，对听众具有诱惑力和吸引力，能激起听众的兴趣。深刻，指提出的主张和见解要能揭示事物的本质，能使听众受到启迪，从感性认识提高到理性认识。要做到这些，必须在选定角度和发掘深度上下功夫。

（二）厘清思路，拟定提纲

确定好主题以后，演讲者要梳理思路，统筹规划，拟定提纲，对演讲内容和主题有充分的总体的把握。提纲要简洁、明朗、连贯，层次清晰，其形式常见的有标题式、完整句子式、关键词语式等。

（三）搜集材料，起草讲稿

演讲前要搜集尽可能多的材料，起草演讲稿。材料不仅要切题，更要充分、确凿、典型、新颖，可根据讲稿主题的需要对材料进行适当取舍，合理安排，精心裁剪，充分发挥其应有的作用。

若是命题演讲，一般还需撰写演讲稿。演讲稿的结构一般分为开头、主体、结尾三部分，撰写演讲稿要充分考虑其谋篇布局。

（1）开头：演讲稿的开头，也叫开场白，在全篇中占据重要的地位。演讲稿的开头并无固定的格式，它取决于演讲的内容、环境和听众的情况。常用的方式有开门见山式、交代背景式、叙述故事式、提问设问式、引用警句式、幽默调侃式、渲染抒情式等。

（2）主体：演讲稿的主体，是分析和论证问题的关键部分。在讲稿主体中，要运用各种方法、调动各种手段，把中心观点阐述清楚，以说服感染听众。主体部分展开的方式有以下三种：并列式、递进式、并列递进结合式。并列式，就是围绕演讲稿的中心论点，从不同角度、不同侧面进行表现，其结构形态呈放射状四面展开，宛若车轮之轴与其辐条，而每一侧面都直接面向中心论点，证明中心论点。递进式，即从表面、浅层入手，采取步步深入、层层推进的方法，最终揭示深刻的主题，犹如层层剥笋。用这种方法来安排演讲稿的结构层次，能使事物得到由表及里的深入阐述和证明。并列递进结合式，或是在并列中包含递进，或是在递进中包含并列，一些纵横捭阖、气势雄伟的演讲稿通常采用这种方式。除此之外，常见的还有因果式、总分式、问题式等，可根据内容的需要结合使用。在撰稿行文的过程中，还要处理好层次、节奏和衔接等问题，精心安排，层层深入，环环相扣。这样，演讲时才能一步步地说服听众、吸引听众、感染听众，将演讲推向高潮。

（3）结尾：演讲稿的结尾，是主体内容发展的必然结果。结尾或归纳、或升华、或希望、或号召、或抒情，方式很多。总之，应收拢全篇、卒章显志，干脆利落、简洁有力，切忌画蛇添足，节外生枝。

（四）反复推敲、精心修改

讲稿写成后，还要仔细琢磨、深入思考、反复品味，通过修订题目、增删材料、深化主题、调整结构、润色语言来不断完善，以提高讲稿质量。

修改的最好办法是读，我们既可以从读的声音中听出是否适合口语表达，又能觉察出语言文字是否顺畅，还能从语气、语调、言辞中听出演讲的效果。一次次地读过后，再根据情况给予及时的增、删、调、改，以期增强演讲的感染力。

（五）反复试讲、灵活用稿

除即兴演讲外，一般的演讲，在定稿后要认真练习、多次试练。从语言、态势、感情上有针对性地加强训练，这样既可以提升演讲效果，又可以增强演讲者的自信，有利于更好地发挥。经过试讲练习，内容烂熟于心，演讲者便可轻松登台了。

演讲时,可以持稿,但不能背稿、读稿、朗诵稿,要让稿子上的话自然吐露。把演讲稿的地位放在"没它不行,全照它不可"的位置上,对它采取"若即若离,不即不离"的态度。演讲过程中对讲稿"似用非用",讲稿的内容、情感、语言,通过试讲烂熟于心,但在一定限度内,在不改变原稿总体设计和要求的情况下,可根据临场的情况和氛围,相机改变一部分,以便自己更自由地发挥,从而使演讲更符合听众的要求。

（六）了解观众、熟悉环境

成功的演讲取决于与听众水乳交融的沟通,"知己知彼"尤为重要。演讲前,要充分掌握听众的状况（包括年龄、性别、职业、文化程度、爱好特点等）,以便有针对性地确定内容,选择语言;了解听众目前的需要（如要求、希冀、困惑、苦恼、关心的热点等）,储备一些心理学常识,能使演讲有的放矢,随机应变,最大限度地发挥演讲的感染力和说服力。

为了保证演讲的顺利进行,演讲前最好充分熟悉演讲场地和周边环境,了解空间大小、音响设备、灯光配置、会场布置等,从而协调自己的声音、姿态,排除不利于演讲的外界因素的干扰,防患于未然。

二、案例分析

【案例】

我们的人生并不是一条平坦的阳光大道,路上有黑暗,我们的心会迷失。这时候,我们就需要一盏灯引导我们走出黑暗。而那盏灯,就是我们的梦想。

【评析】

这是一篇《我的梦想》演讲稿的开头,作者开篇点题,让听众步入自己的思维轨迹,引起思考,水到渠成地展开主体部分。

【案例】

站在明净的长天之下,从这片经过人们终年耕耘而今已安静憩息的辽阔田野放眼望去,那雄伟的阿勒格尼山脉隐隐约约地耸立在我们的前方,兄弟们的坟墓就在我们脚下,我真不敢用我这微不足道的声音打破上帝和大自然所安排的这意味无穷的平静。但是我必须完成你们交给我的责任,我祈求你们,祈求你们的宽容和同情……

【评析】

这是1863年,美国葛底斯堡国家烈士公墓竣工,国务卿埃弗雷特在落成典礼那天演讲的开头。这段开场白即景生情,语言优美,节奏舒缓,感情深沉,人、景、物、情是那么完美而又自然地融合在一起。据记载,当埃弗雷特讲完这段话时,不少听众已热泪盈眶。

需要注意的是,即景生情不是故意绕圈子,不能离题万里、漫无边际地东拉西扯。否则会冲淡主题,也会使听众感到倦怠和不耐烦。演讲者必须胸中有数,应注意点染的内容必须与主题互相辉映,浑然一体。

【案例】

他们中有这样一名老同志,腰伤严重,医生建议开刀治疗,但他依旧每周一从家所在的另一个城市驱车一个半小时来到单位。一干一个星期,周末再回家。有时去企业,我们说:"您腰不好,就别去了。"但老吴他不答应,腰带一绑,稽查证一拿,抖擞精神,说:"小王,走!"有人觉得,老同志的学习能力大概不强,但稽查培训考试,老吴愣是考了 100 分,拿了第一名! 老骥伏枥,志在千里;烈士暮年,壮心不已! 这就是我们海关的老同志!

【评析】

演讲稿通过讲述一个亲切感人的故事来吸引听众。选择故事要遵循几个原则:要短小,不然就成了故事会;要有意味,促人深思;要与演讲内容有关。

【案例】

你是何时爱上公安事业的呢? 是穿上那身帅气的制服时,还是举起右手宣誓时? 是在得到群众微笑感谢时,还是在破获案件抓捕犯罪分子时? 我爱上公安事业是在一天天的工作中,是在和一群朴素可爱的同事并肩作战中。

【评析】

作者开篇用设问吸引住听众的注意力,引起人们的思考,用精练的话语引领听众思考,最终又话题一转,直奔主题。语言简洁有力,干脆自信。

【案例】

同学们,人生的道路固然坎坷,但绝不能因为它的坎坷,就使我们健美的躯体变得弯曲;生活的道路固然漫长,但绝不能因为它的漫长,就使我们求索的脚步变得迟缓。叹息的杯盏里只有消沉的苦酒,而自信的乐谱中才有奋发的音符。自卑,只能使你成为生活的奴隶;而自信,却能使你成为生活的主人!

自信吧,年轻的朋友;自信吧,亲爱的同学。在人生的海洋里,驾着你事业的航船,摇动你奋斗的双桨,扬起你自信的风帆,就一定能到达理想的彼岸!

(节选自李宁《自信吧,年轻的朋友》)

【评析】

这是一篇演讲的结尾,演讲者运用排比、对比、比喻等多种修辞手法,把语言组织得精美流畅,把自信对人生的意义表述得充分、深刻。结尾高度概括了全篇的论点,用哲理化的推导深化了主旨,犹如进军的号角,催人奋进、给人鼓舞。

练 习

一、开篇练习

1. 我的理想
2. 以梦为马,不负韶华
3. 爱就是教育,没有爱便没有教育

二、演讲练习

1. 感恩生命
2. 十年树木,百年树人
3. 爱我中华

第四章
教师教学口语

　　教师教学语言是教育艺术的一个重要组成部分。学校环境、课堂环境都是语言环境，有人曾对课堂进行互动分析，统计结果显示，在传统的、比较正规的课堂中，教师讲话的时间占 70％。教育理论家苏霍姆林斯基认为："教师的语言是一种什么也代替不了的、影响学生心灵的工具。"教师的语言是思维的载体，既要有效传递知识和信息，让学生理解；还应带有发自内心的真情实感，打动学生，得到心灵的回音，这样才能架起师生间的桥梁。因此，教学语言是教师教学的重要手段和有力工具。精心锤炼教师教学语言，掌握教师教学语言艺术，是教师提高教学业务水平的必练基本功。

　　教师教育学生的语言和讲课的语言以及在教学中指导学生学习的语言，通常称为教师教学语言。教师教学语言在实际运用中又可分为教学口语和教育口语。教师语言表达的水平制约着学生智力活动的水平，教师的语言修养在极大程度上决定着学生在课堂上脑力劳动的效率。教师掌握教师教学语言技巧的重要性不言而喻。

　　教育教学工作的性质、特点决定了它具有自己的风格和特点，具体表现在以下三个方面。

一、教师教学语言是专业语言

　　教师教学语言是教师在教学的具体条件下，即有明确的教学目标、针对特定的教学对象、使用规定的教材、采用一定的教学方法，在规定的时间内引导学生在认识和掌握知识、发展智力的活动中使用的语言。因此，教师教学语言属于专业语言，受到教学工作性质、任务和特点的制约。它既不是纯粹的书面语言，也不是普通的日常用语。它是口头语言与书面语言的"合金"，是独白形式与对话形式的紧密配合，是多种语言风格的融汇，是科学性、教育性、艺术性的统一。

　　准确性是教师教学语言专业性的基础，包括对知识的准确解释，不能用错误的、模糊的、有歧义的解释。教师教学语言不仅要充分体现正确性,还应让语言更趋于完善、更通俗易懂,不使用生僻词汇,更易于接受,让学生能够迅速掌握所学知识。

二、教师教学语言是共性与个性的统一

教师教学语言具有一般语言的共性,如传递性、节奏性、情感性等,但也有自身的个性特征:一是深浅适度,富有针对性;二是清晰准确,富有逻辑性;三是循循诱导,富有启发性;四是生动活泼,富有形象性。

三、教师教学语言是独白语言与对话语言的结合

有声系统的教学语言主要是口头语言,它分为独白语言和对话语言两种。教师在教学过程中采用的讲解、说明和讲演等,属于独白语言形式;而使用问答、讨论及辩论等,则属于对话语言形式。教学过程中独白语言与对话语言有机结合、交互穿插,这是教师教学语言与其他专业语言的明显区别。

教学口语的形式较多,我们选取导入语、讲授语、提问语与解答语、结束语这四种基本形式进行具体阐述。

第一节　导入语

课堂导入语是教师在开始讲授新课之前,精心设计的一段简练概括、能引导学生进入预定教学轨道的教学语言。导入语可集中学生的注意力,激发其兴趣、启迪其思维,培养其审美情趣,还可以衔接新旧知识、明确教学目的,调动课堂气氛、沟通师生情感,为一节课的顺利展开奠定良好的基础。

导入语的设计总原则是:目的明确、简明扼要、有吸引力。常用的导入技巧有以下几点:① 开门见山,明确内容;② 新旧联系,温故引新;③ 设置悬念,激起兴趣;④ 利用教具,直观导入;⑤ 讲述故事,巧妙铺垫;⑥ 引经据典,顺水推舟;⑦ 渲染气氛,激发情感。

【案例】

部编版小学《语文》一年级下册第二十一课《小壁虎借尾巴》第一课时导入语设计如下:

1. 师:小朋友们,你们见过小壁虎吗? 你们知道小壁虎长什么样子吗?
(出示图片,学生描述。)

2.（出示没尾巴的小壁虎图片）老师这里还有一张图片，你们瞧，这张图片上的壁虎有什么不一样？

生：没有尾巴。

师：小壁虎的尾巴去哪里了呢？没有尾巴可真难看呀，于是小壁虎决定去借尾巴，你知道它会向谁借尾巴吗？它是怎么借的呢？最后借到尾巴了吗？

【评析】

此导入环节采用提问的方式，一步一步追问，设置悬念，引发学生思考。这样的提问不是乱问，而是根据课文故事的发展进行的概括性的提问，学生在学习课文的过程中自然而然就能将提问一一解决，还可以根据这一系列问题梳理文章结构。

【案例】

教科版小学《科学》二年级下册第一单元第一课《磁铁能吸引什么》导入设计如下：

师：小朋友们，今天老师给大家带来了一个神奇的宝贝，你们瞧（展示磁铁），这是什么？

生：磁铁。

师：这个磁铁可神奇了，它会变魔法呢！你们看！（观看小魔术《会走路的小鸡》）它为什么那么喜欢蓝色的卡纸呢？请同学们来猜一猜。为什么粘在卡纸上不会掉下来呢？到底是不是像你们说的那样呢？

【评析】

此导入环节，教师直接向学生展示学具"磁铁"，学生认识磁铁后，通过视频，感受磁铁的神奇，这神奇之处正是本节课的教学重难点"磁铁的性质"。这样的导入与本节课"磁铁能吸引什么"的课堂教学内容息息相关，直观性强。

【案例】

部编版小学《语文》二年级下册识字4《中国美食》导入设计如下：

师：同学们，我们中国人有句古话叫作"民以食为天"，从这句话中你能知道什么对于我们来说是最重要的吗？（生答：食物）

师：没错，是食物。下面请小朋友们和老师一起欣赏一段视频。（播放视频）

师：正如视频里问到的"中国美食长盛不衰的生命力是从哪里来的呢？"我们中国饮食文化历史悠久，从南到北有八大菜系，美食数也数不清。中国人对美食也有着自己独到的见解。这节课就让我们一起走进"识字4"，去了解一些中国美食吧。

【评析】

美食本就能吸引学生的注意力，但是语文学习中我们不单单是去认识美食，而是通过语文的学习来感受中国饮食文化。本教学视频的播放，让学生跟着视频中的疑问"中国美食长盛不衰的生命力是从哪里来的呢？""为什么我们认为'食'最重要？"走进课文，引起学生的情感共鸣，激发学生的探究欲。

【案例】

译林版小学《英语》二年级下册第四单元"I have big eyes"教学第一部分"story time"，老师的导入语如下：

1. Greeting and free talk

Good morning/afternoon，boys and girls.

I have an English book. What do you have？

2. Say a rhyme：I have a cat（复习旧知）

3. Let's say

T：I have a cat. It's big. It has a long tail.

学生利用句型介绍自己手中动物的图片。（找动物图片的简笔画）

【评析】

此导入环节，老师一是用疑问句式开门见山让学生感知本单元要学习的"I have ... "句式，二是联系旧知——二年级上册歌谣"I have a cat"来活跃课堂气氛，让学生在课堂中找到熟悉感，降低学习的难度。在歌谣结束后，教师展示图片，举例示范，接着学生根据课前准备好的动物简笔画，学着教师的语言用"I have ... ""It's ... "" It has ... "等句式练说。当学生能够准确描述动物的外形后，进入本节课新授部分，出示 Su Hai 的脸部图。这样的导入既能激发学生的学习兴趣又能降低小学生的学习难度，同时还能增加学生的参与度，让学生自然而然地走进英语学习环境中。

练 习

1. 请你用设置悬念的方式为部编版小学《语文》二年级下册第二十一课《青蛙卖泥塘》设计一个导入。

2. 请你利用教具为部编版小学《道德与法治》二年级下册第一单元第四

课《试种一粒籽》设计一个导入。

3. 请你尝试用渲染气氛、激发情感的方式为部编版小学《语文》二年级下册第二十三课《祖先的摇篮》设计一个导入。

4. 请你用复习旧知法或开门见山法为译林版小学《英语》二年级下册第五单元"Can you?"教学第一部分"story time"设计一个导入。

第二节　讲授语

讲授语是教师向学生直接阐释教材的课堂语言,是教学中应用最广泛的教学口语,是教师教学口语的核心部分,它具有信息量大、信息密度高、影响力大等特点。讲授语包括叙述、描述、解说、评述等,大都以教师的独白语为主体,适当纳入学生的对白语。

讲授语的基本要求有:① 准确鲜明;② 系统连贯;③ 通俗形象;④ 流畅规范;⑤ 深浅适度;⑥ 重点突出。

讲授的基本技巧包括:① 抓住重点,提示点拨;② 形象描述,化易为难;③ 补充归纳,加深印象。

【案例】

部编版小学《语文》二年级下册识字 4《中国美食》讲授含有火字旁或四点底的字。

师:你们知道刚刚这么多色香味俱全的美食都是用什么方法做出来的吗?

(PPT 出示:默读菜名,圈出美食的制作方法)

师指名汇报,PPT 出示:

凉拌

煎　煮

红烧　烤　爆　炖

师:小朋友们找得既全面又准确,让我们大家一起来读一读这些烹饪方式吧。(全班齐读)

师:请大家仔细地再看一看这些烹饪方式,你发现这些字都有什么相同点吗?

生:第二组:"煎""煮"都有四点底。

　第三组:"烧""烤""爆""炖"都有火字旁。

师:你果然很会发现规律。这一组都有火字旁,请你结合这些字大胆猜测下这些带有火字旁的字大多与什么有关?(生答:与火有关)没错,都与火有关,我们要用火来烧、烤、爆、炖。再来看看烧、烤、爆、炖这四个字,(用红色框框出它们的右半边:尧、考、暴、屯),所以右半边是它们的声旁,左半边的火是它们的形旁,所以这四个字也是?(生答:形声字)

师:再来看看,第二组这两个字(煎、煮)有何相同点?

(生答:都是四点底)

师:你知道为什么是四点底吗?请你看一看这两个字古代的写法。

(PPT出示煎、煮的古代写法)

师:仔细观察,你发现了什么?

(生答:下面都有火)

师:你果然是"火眼金睛",很快就发现了这两个字下面都藏有一个火,所以大胆地猜测一下,火与四点底有什么关系呢?

(生答:带有四点底的字,字义大多数与火有关)

师:没错,你猜测得很对,带有四点底的字大多与火有关。"火"字做偏旁,有时放在左边,有时放在下边。放在下边时,为了整个字形的美观,就把这个火变成了四点底。现在你明白了吗?

【评析】

在《中国美食》这一课中,很多烹饪方法都和火有关,因此在学习生字环节,老师将生字归类讲授。通过提问,让学生去探究发现这些生字的共同点,然后通过字形演变的讲授让学生明白为什么这些四点底的汉字与火有关。

练 习

部编版小学《语文》五年级下册第十八课《威尼斯的小艇》一文中作者是如何具体描写小艇的特点的?请你设计讲授语,注意讲授过程中要点明比喻的修辞特点。

第三节　提问语与解答语

一、提问语

提问语是教师以发问的形式唤起学生进行思维活动而使用的口头语言形式。提问是深入的阶梯，是触发的引信，是觉悟的契机。它能激发学生的学习动机，开启其思维，培养其表达能力，检测其学习效果。

提问语的设计要求有：① 目标明确，问题清楚；② 难易得当，结合实际；③ 角度新颖，富于启发性。

提问的基本技巧有：① 填空补缺；② 比较选择；③ 递进深化。

【案例】

部编版小学《语文》五年级下册第十八课《威尼斯的小艇》，学习第四段，教师提问如下：

船夫的<u>驾驶技术特别好</u>。行船的速度极快，来往船只很多，他<u>操纵自如</u>，毫不手忙脚乱。不管怎么拥挤，他总能左拐右拐地<u>挤过去</u>。遇到极窄的地方，他总能平稳地<u>穿过</u>，而且速度非常快，还能<u>急转弯</u>。<u>两边的建筑飞一般地倒退，我们的眼睛忙极了，不知看哪一处好</u>。

师："船夫的驾驶技术特别好"一句在这里起什么作用？

师：那么，船夫的技术如何呢？下面请同学们读一读这段话，想一想，哪些词句说明船夫驾驶技术特别好？

师："两边的建筑飞一般地倒退"在这里起什么作用？

【评析】

教师在学生阅读后提出三个问题，三个问题层层递进，不断深化。学生思考作答不仅能了解威尼斯小艇船夫的技术，还能学习到作者的写作手法，知其然还能知其所以然，不仅知道了本段的主要内容——船夫的驾驶技术好，还知道了怎样写出驾驶技术好。这样的提问，有利于学生学习文章的写作手法，便于学生将其延伸到自己的写作中。

二、解答语

解答语是教师在课堂教学中为完成教学目的而答疑解惑，引导学生顺利掌握知识时所使用的教学口语形式,它与提问语相辅相成、相得益彰。教师在解答时,一要注意与学生的沟通交流;二要根据反馈信息适时调整;三要启发学生多角度思考问题,给学生适当留有思考余地。

解答的技巧包括:① 直接回答;② 提示作答;③ 延伸作答。

【案例】

一年级单幅图写事类看图写话指导。

活动:按一定顺序,学会观察看图,寻找可写之材

师:看图写话第一步就是看,那到底如何看图呢? 老师给大家带来了几幅图片,请同学们先看一看,想一想你是怎么观察图片上的内容的。(选择六幅经典的图片,引导学生按一定的顺序来观察图片。)

师:谁来说一说,你从这幅图中看到了什么?

生自由举手发言

师:这些图片上的内容特别多,如果我们看到一个就写一个,不仅容易漏掉,写出来的内容还乱糟糟的。同学们,你们觉得应该如何观察才能观察到位呢?

师:这里老师要给大家送上一个法宝——按一定顺序观察图片,一张小小的图片上有丰富的信息需要我们用心去观察,想要观察得全面,我们要学会用一定的顺序,可以是从左到右或者从右到左,当然还可以从上到下或者从下到上。

【评析】

在教学中,如果教师提出问题后,在多次引导下,学生仍不能给出准确的答复,教师便可以直接告知学生一些方法性或者规律性的回答,用正确的方法再次引导学生回到问题中。如看图写话中的看图,可以请学生仔细从左往右或从上往下观察,说说自己看到的内容。

练 习

1. 请你为部编版小学《语文》三年级上册第六课《秋天的雨》第二小节设计三个递进式的问题。

2. 部编版小学《语文》二年级上册第七课《妈妈睡了》中存在中心句,请你设计中心句解答语。

第四节　结束语

教学段落完结时的一段小结语就是结束语。结束语的目的在于强化教学内容,巩固教学效果,启发引导学生探索新知等。教师在设计结束语时,一要归纳梳理,简单明了;二要有利于巩固记忆;三要能过渡延伸。

结束语的基本技巧有:① 梳理内容,总结归纳;② 承上启下,拓展延伸;③ 鼓动号召,激发兴趣;④ 设置悬念,引人深思;⑤ 作业练习,加强巩固。

【案例】

部编版小学《道德与法治》二年级上册第四单元第十四课《家乡物产养育我》教学结束语设计:

师:在美妙的音乐声中,我们的课就要结束了。无论是令人难忘的美食,还是精美的手工艺品,它们流传的背后都积淀着家乡人民的智慧与劳动,下节课我们将继续探讨物产与我们生活的关系。

【评析】

这一部分的教学结语,教师采用了梳理、总结归纳本节课内容,揭示道德与法治课主旨的方法,目的在于帮助学生回顾本课所学,感受家乡物产对我们生活的影响,同时引出下节课的内容。

练习

请采用恰当的方法,为你所学专业对应的小学学科课程中的具体教学内容设计一个结束语。

第五章
教师教育口语

教育口语包括很多类型,其中比较核心的种类有说服语、沟通语、启迪语、暗示语、激励语、评价语、劝解语和应急语等。

第一节 说服语

说服,就是要摆事实、讲道理,以理服人。教师要想说服学生,首先要分析说服对象。要根据他们的年龄、性格、心理上的差异和思想状况采取不同的说服方式,提出不同的要求,使用不同的语言,做到"一把钥匙开一把锁"。其次,要见机行事,消除对方的心理防线。一般来说,教师找学生谈话,学生会产生一种天然的防范、抵触思想,使教师的说服无济于事、无功而返。因此,教师要努力创造良好的说服氛围,要联系实际、晓之以理、动之以情,要设身处地地站在对方的立场上分析,随机施教,不能一味地强调要对方接受;要考虑对方的自尊心,才能使学生心悦诚服地信服你、接受你的意见。再次,态度要诚恳。说服中教师应根据学生的理解水平、心理承受能力,推心置腹、坦诚相见,而非讲空话、唱高调。说服中态度宜缓不宜急,应给学生留有思考的余地和改正错误的机会。在这个过程中教师切忌高高在上、盛气凌人,这样容易增强学生的反感,收不到预期的说服效果。

【案例】

一天大课间,老师走进教室给同学们播放室内操的时候,其他孩子都迅速地排队站好,但是有一个小男孩小 A 一直没有站起来。于是,老师询问同学们小 A 怎么了。有个同学立马道出缘由,原来小 A 在数学课上犯错被老师批评了,他已经哭了一节课了。了解事情原因后,老师继续播放视频给同学们看,让他们做室内操,然后走到小 A 身边,告诉他先别哭了,缓解一下心情,但是他不管不顾,依旧趴着不动。老师想,短时间内他大概不会改变自己的想法,估计不愿意站起来了。于是老师一边看着其他学生做操,一边观察小 A。过了一会儿发现他不再哭了,但也不愿意抬头。其他同学做操结束后,老师把小 A 叫到教室外,先让他擦擦眼泪,然后进行沟通。

师:小 A,之前你做对题目,表现好的时候,老师是不是在表扬你?

小 A:是的,表扬的。

师:老师表扬你是为你?

小 A:为我好的。

师:那当你做错事,老师应该批评你、提醒你吗?

小 A:应该的。

师:那老师是为你好还是为你坏?

小 A:为我好的。

师:那既然都是为你好的,你为什么还要哭呢?曹老师的目的是为你好,她使用了两种不同的方式,你表现好老师就表扬你,让你继续努力、争取更好,表现不对,批评你让你改进然后变好,这两者之间没有区别都是为了让你好,所以你不该难过,而应该按照老师说的去做,去成为更好的自己。

(小 A 同学平时更愿意听表扬的话,不太勤快且不太愿意接受批评,情绪较大,但是孩子还是能沟通且讲道理的。)

【评析】

小朋友都有一种向好的心理,所以他们更愿意听表扬的话,也愿意为了受到表扬去表现自己。但是在真实的教学情景中,学生不是完美的,老师也不是完美的。因而,批评也是一种教育手段,批评只针对事情本身,而不是针对学生个人。帮助学生认清批评的目的是教师教育的一项任务。因此,当学生不理解时,作为调解人的班主任老师可以通过举例做比来引导学生理解老师的批评。

练习

学生要求自己带电子产品到学校,方便查阅资料,这样做违反了学校的规定,你该怎么说服他?

第二节　沟通语

　　沟通是指在教育情境中消除学生的心理隔阂,取得心理认同的过程。师生之间想要进行良好的沟通,教师首先要了解学生的思想动向,知道他们的愿望、要求、个性、情绪,才能对症下药,把话说到对方的心坎上。有些老师由于对学生的情况把握不准,不能及时掌握学生的思想脉搏和真实想法,因此思想教育常常变成了讲大道理,对学生起不到入耳入心的作用,也就必然收效甚微。其次,教师要理解学生。理解包含师生感情上的沟通,也包含教师对学生心理活动及其发展规律的认识。关爱并熟悉学生是理解的重要条件,真诚平等的态度是理解的心理基础。有了理解,才能搭起师生间思想情感沟通的桥梁。

　　具体来说沟通技巧主要包括以下几点:

　　(1) 缓和化解紧张气氛。如说一句轻松幽默或亲近友好的话语,先让学生坐下,给学生倒杯水等,这些举措都有助于驱散紧张气氛。

　　(2) 情理交融,金石为开。教师只有设身处地为学生着想,成为学生信得过的人,以心换心、以诚相待,才能入情入理,达到沟通思想的目的。

　　(3) 选用恰当的句式和语气。师生是否心理相融,与教师选用的句式和语气密切相关。某些不恰当的句式、语气很可能会导致师生之间心理不相融。比如使用祈使句式大多表现出命令的口吻,使用反问句式则多半带有斥责的态度,这就容易引起学生的心理反感和对立情绪。又比如采用质问的语气,往往带有咄咄逼人的意味,会给学生造成强大的思想和心理压力,最终成为有效沟通的障碍。

【案例】

　　谈话对象:汪××、潘××、刘××、孙××、任××、马××。

　　谈话对象分析:这几个学生在七年级的时候,很喜欢上体育课,课堂表现积极,自从升入八年级后,他们上课总是不认真听讲,消极应付课堂技术练习。

　　谈话目的:引导学生重视体育学习,端正学习态度。

　　谈话要点:

　　(1) 你喜欢体育课吗? 为什么?

　　(2) 你觉得体育课的学习重要吗?

　　(3) 你上课时的表现是怎样的?

学生认识态度:学生都喜欢体育课,也认识到体育课锻炼身体的作用,但是其他课业的繁重让学生疲惫不堪,到上体育课时光想自由活动,甚至有些学生希望体育课多上自习,来完成文化课老师布置的大量作业。

教师的引导:

(1)正确引导学生认识体育运动的重要性。

(2)让学生合理分配各学科学习时间,达到各学科均衡发展。

【评析】

学生不愿意出去上体育课是为了有更多的时间学习,这反映出一个现实问题,学生注重文化课学习,没有多余的时间进行身体锻炼,仅有的体育课是他们用来放松大脑与身体的,体育课根本没有起到锻炼学生身体的作用。还有相当一部分学生认为体育课是用来玩的。

老师希望学生出去上体育课是因为体育很重要,体育运动有利于学生的身心发展,可以使学生有更好的身体去学习。师生沟通时教师要设身处地地从学生的角度出发,帮助学生认识到适当的体育锻炼不会浪费时间耽误学习,反而能让学生有更好的状态去学习,提高学习的效率。同时各个学科都很重要,要合理分配时间,达到各学科均衡发展。

练 习

小王是学校出了名的"特殊人物",逃课、打人、顶撞老师样样在行。老师们一提起他个个摇头,"当了这种学生的班主任,真是倒了八辈子霉""我宁愿教十个成绩差一点的学生,也不愿教他这样的一个学生"。当你面对这样一名特殊的学生时,你将如何和他沟通呢?

第三节　启迪语

启迪语就是启发开导学生的话语,在思想教育中,教师应能针对学生的某一问题,通过平等的思想交流和情感交际,引导学生去打开认识的窗口,开启思维的机器,变消极被动为积极主动,使学生在不知不觉的启发教育中产生对理性的领悟和升华,从而受到激发和教育,引发自觉,提高认识。

常用的启迪语有提问、分析、类比举例、设喻等,在实际运用中不管采用哪种方式,都应因事因人而异,善于激发学生的共鸣,让学生在不知不觉中受到教化启迪。

【案例】

晚上八点,小 W 的家长因为孩子闹脾气不想写英语作业联系了班主任老师,小 W 认为英语老师不喜欢他、不改他的作业,所以不想写作业。小 W 的妈妈想找英语老师聊一聊,但是因为之前孩子朝英语老师竖中指,所以她认为老师也不想管孩子。听了孩子妈妈的描述,班主任老师建议她打开手机扬声器,家长和孩子一起听,三个人一起交流。

师:小 W,今天中午,你觉得午饭没有你喜欢吃的饭,一直不愿意去吃,后来哪几位老师来劝你去吃饭的?

小 W:张老师,数学老师和英语老师。

师:那老师问你,今天是哪位老师负责打饭的呀?

小 W:数学曹老师。

师:嗯,你记得很清楚嘛。是呀,数学曹老师的中自习,那需要英语老师来负责劝你去吃饭吗?

小 W:不需要。

师:那李老师为什么来劝你呢? 你不吃饭李老师会肚子饿吗?

小 W:不会。

师:那谁会肚子饿得没法上课?

小 W:我会饿。

师:那李老师这是在关心你,还是不管你,随你饿肚子?

小 W:关心我。

师:连你吃不吃中饭,李老师都这么关心,你说李老师怎么可能不关心你的学习呢? 你每次课堂做的练习卷李老师有没有给你批改、反馈?

小 W:改的,都改的。

师:那老师问你,为什么你觉得老师不改你的作业?

小 W:我总是忘记交作业,老师说以后交上来也不改了,所以我也不想写了。

师:但是你只要交了的作业老师都是改了的,练习卷和默写本都改了是不是? 那你再想一想,你没改的作业是没交还是没改呀?

小 W:没交。

师:是呀,原来根本问题在于你没交呀,没有作业英语老师怎么改呢? 你留在家里的作业老师也看不到呀,你说是不是? 那这样,老师给你想个好办法,明天你把作业主动放到英语老师办公桌上,再给老师留言"李老师,辛苦您给我改下作业,谢谢您。——小 W"。老师相信,你明天一定会给英语老师交上一份令她满意的作业!现在去写作业好吗?

小 W:好的。

(小 W 同学平时确实有些不守纪律,课堂上喜欢讲一些不恰当的话,写作业也是他的一大难题。其家长平时也比较溺爱,对其要求比较放松。孩子本身比较聪明,知道抓住妈妈的"要害",给妈妈的反馈是老师对其偏见较大,但是一概不提自己的表现。)

【评析】

小学生,尤其是低年级的小朋友很少会关注自身的问题,他们听老师的话,但是有时也会陷入自己的理解中。有时为了引起学生的重视,老师会吓一吓他们,例如:不交作业以后就不改作业了。但是小 W 只听到了不批改作业,没意识到老师不批改是因为自己不交作业。因此上述思想教育启迪中,班主任老师联系当天中午发生的事情让学生及其家长明白老师是关心学生的,不仅关心你的学习还关心你的生活。接着,在谈话中注重引导他,让他自己来还原事情的本来面貌,原来老师也是"巧妇难为无米之炊"呀,没有作业怎么改呀,将问题的症结探究到学生自身没交作业上。最后,为学生提供一个好方法,主动交作业并留言,拉近学生与任课老师之间的距离。

练 习

作为班主任,当你发现班上有些学生上课不听讲,或看课外书,或睡觉,或玩手机,你如何在班会上运用启迪的方法,向学生谈不听讲的危害,让他们愉快地接受你的劝说,及时加以改正?

第四节　暗 示 语

暗示语,就是用含蓄的语言或示意的举动,让他人能够领会自己想要表达却出于某种目的或原因故意藏而未露的意图。暗示用于提醒、点破、批评、告诫等教育场合,是一种委婉的表意方式。由于学生的个性心理存在差异,有些话不必或不便明说,就可以用暗示。暗示可以让学生思而得之,有时比直言更易为学生所接受。

暗示,主要是通过语言来完成的。"望梅止渴"的故事就是典型的例子。

除了语言暗示之外，表情、身姿、手势在一定的情境下也都可以起到暗示的作用。而无论是语言或非语言暗示，都要以学生能够领会为原则，不能过于晦涩，否则就难以收到效果。

【案例】

某班主任开学时对班上同学做"回顾与奋进"的讲话，他说："这个话题，我要重点讲'奋进'。我不再说上学期同学们的学习进步，不再说校运会取得了同年级总分第一的成绩，不再说我们在'艺术节'取得的美术、书法与文娱表演的各种奖……"

【评析】

实际上，教师运用排除句式"不再说"，正是暗示学生们回顾"辉煌业绩"，其动机一目了然。这位教师熟练使用暗示语，学生在老师的暗示中明白曾经的辉煌，会更加奋进。

练习

请你评析下面这位老师暗示语的运用。

一位教师走进教室，看见地面很脏，说："我们班真是物产丰富！五彩斑斓的纸屑撒满地面，还有瓜子壳点缀其间。我们生产了这么多垃圾，总得想办法出口啊！"听了这话，同学们很不好意思，马上把教室打扫干净了。

第五节　激励语

激励语是对学生进行激发、鼓励的话语。它以目标引导、以榜样鞭策，从而使学生有目标、有动力，激发其积极向上的情绪和意志，确立奋发进取的动机。

在学生的思想教育过程中，激励是"进取"的动力，是"向上"的能源，教师应当学会利用学生的现实需求，发掘学生的内在潜力，激发其干劲和热情，调动学生自身的积极因素，催其奋发向上、全面成长。如拿破仑曾用"不想当将军的士兵不是好士兵"的名言来"对症下药"地激励他手下的士兵。

激励语具体包括鼓动、激发、勉励等，采用任何一种激励语都应注意将物质和精神两方面结合，尽量满足学生各方面的合理诉求。此外，激励要注重公平,保护学生的自尊心。教师对学生应一视同仁、不偏不倚,不能凭感觉、感情用事。

【案例】

某校二年级某班召开"做未来科学家"的主题班会,班主任先神秘地让同学一个个轮流看一只盒子。老师说里面装着"一张未来科学家的照片"。其实盒子里放的是一面镜子,每一位同学看到的都是自己的形象。班主任所说的"未来科学家"指的就是班上的每一位同学。班主任说:"小朋友们,未来的科学家就是你们呀! 你们是祖国的未来,祖国的社会主义建设需要你们去接班,祖国的科学事业需要你们去接班呀! 但是,做科学事业的接班人可不是件容易的事,从小要勤奋学习,打好基础……让我们像窗外的小树一样,如饥似渴地吸取知识的养料,不断地增长自己的才干吧!"

【评析】

本案例中,班主任老师通过一面镜子鼓励学生从小要勤奋学习、打好基础,将来成长为一个对社会对祖国有用的"科学家"。这样的鼓励方式新奇有趣,加深了孩子们的印象。可以更好地鞭策他们努力进取。

练习

某班是落后班级,在学校的各项活动中经常排名最后。在学校运动会前夕,大家对参加运动会都没有多大的热情。请为这个班的班主任设计一段教育口语激励学生。

第六节　评价语

评价,是指对学生的思想行为或目前的发展状况,通过或褒或贬的形式做出的总结和评判。评价是促使学生思想行为按正确方向发展的一种强化手段。教师给予学生的准确评价,就像一面镜子,可以反映学生的风貌,同时又像路标,给学生指引前进的方向。通过教师的评价,学生能够正确认识自己、约束自己,明确今后的努力方向,从而形成良好的规范行为。

评价语的基本形式是表扬和批评。教师对学生进行评价时,应掌握以下原则:一是调查情况,实事求是;二是公平合理,是非分明;三是以肯定为主,激发学生的进取精神;四是注重特点,讲究形式;五是掌握"火候",注意场合。

【案例】

有一名二年级小学生很聪明,但是不太愿意写作业,比较喜欢数学,因为数学作业写的字比较少。有一次单元练习后,由于他写得太简单,语文的句子练习和写话都被扣了不少分,没有达到理想的成绩。班主任老师利用该生放学值日后的时间与其进行了谈话。

师:小 C,其实你的句子练习没多大问题,但是你知道为什么在一年级你这样写就是对的,而到了二年级就不对了吗?

小 C:我不知道,我觉得写得是对的呀。

师:我们一年级学习写话时遇到不会写的字时可以用拼音,但是现在你发现你用拼音还多吗?

小 C:不多了。

师:你看,我们学会了拼音,但是我们学拼音的目的是让拼音帮助我们识字,拼音是我们识字的开始。同样,你写的确实是比喻句,但是那是我们学习的最简单的比喻句,它让我们明白了什么是比喻句。学习它,是为了写更多更好的比喻句的,而不是仅仅学会这一个。明白了吗?

小 C:老师,我懂了。

师:其实,老师发现你在课堂上就能说出很多优美且恰当的比喻句,怎么真正到练习的时候就不愿意写出来和大家分享了呢?

小 C:我觉得字太多了。

师:原来是这样呀,那说明你还是有写比喻句的能力的嘛,就是你这个小手不愿意听话。你愿意你聪明的大脑输给懒惰的小手吗?

小 C:老师,我不愿意。

师:那你知道下次该怎么做了吗?

小 C:老师,我知道啦!

师:老师也相信你一定能做好,相信你不久的将来会收获语文学习的喜讯。

【评析】

小 C 同学自身能力是有的,但是由于年纪小,有时不愿意动手,想要走"捷径"。这位任课老师在交流中,对学生的能力做出肯定评价,将这样的评价反馈给学生,同时给学生一条改进的途径。

练习

如果你们班有位学生很勤奋,但是就是学习一直没有进步,导致该学生平时很沉默,非常不自信。请你善用评价语与这位学生聊一聊。

第七节　劝解语

解,就是劝说、调解。在师生交往中,劝解也是一门艺术,它具有开导、劝诚、疏通、调解和抚慰的功能。当学生遇到困难与挫折,心境抑郁、情绪低落时,有效的劝解能使他们心理上得到安慰,化解愁云,产生温暖,逐步消除消极的情绪。当学生之间发生争执和冲突时,有效的劝解能使他们消除纷争,化干戈为玉帛。当发现学生有某种错误的思想、行为或倾向时,有效的劝解能起到正确引导、改变认识、纠正错误、防患于未然的作用。具体来说,教师进行劝解应遵循以下原则:

(一) 既动情又合理

"感人心者莫先乎情",情感在劝解中起着重要作用,它可以使学生对你产生信任感,对你敞开心扉。但同时切记劝解的第一要义是让学生获得理性认知,所以在以情动人的同时一定要对学生晓之以理,让学生懂理明理。

(二) 既婉转又严肃

劝解语的表达应注意委婉,以避免对方受到刺激,使人易于接受,从而妥善解决问题。但婉转并不是一味地退让和迁就。面对学生的错误,教师应坚持原则,认真严肃地批评指正,使学生认识到问题,进而醒悟、改正。

(三) 既换位思考,又立场鲜明

所谓换位思考,既指教师启发学生从正反、上下、左右的角度去全面认识和分析问题,又指教师也应站在学生的立场上思考问题,对学生出现问题的原因进行"合理性"发掘,从而更好地理解学生的想法和做法,为解决问题奠定基础。但老师在这个过程中一定要是非分明,立场鲜明,不能因此而模糊自己的原则和立场。

【案例】

一天,课堂上一位同学突然大喊起来,原来是前面的同学桌椅向后挤了一下。其实,之前班级其他同学之间也发生过类似现象。老师让大叫的那位同学先安静下来,他人是安静下来了,却用课桌拼命挤压前面的同学,前面的同学很委屈,但是也不敢言语。这时,下课铃响了,前面的同学也不相让了,两个人你挤我我挤你,班上同学也轰动起来。老师及时制止了他们的行为,并让后座的学生先到教室外面去谈话。

师:小 N,你在课堂上大喊大叫,用力挤别人,这样做对吗?

生 1:是她先挤我的,是她先挤我的!(情绪十分激动)

师:你先冷静一下,小 W 坐在你前面很久了,她之前有挤过你吗?

生 1:没有。

师:是呀,她没挤过你。这次她怎么会挤你呢? 我们来听她说说。小 W 你过来一下。你为什么在课堂上挤他?

生 2:刚刚他姐姐参加学校活动回来,有点进不去,我就往后挪了一下啊,我没挤他。

师:小 N 你听听,原来是这个原因,她是在帮助同学呀,这个人还是你姐姐呢,突然塞进一个同学可不得往后一点嘛。但是,你不分青红皂白,直接开叫,影响了课堂秩序,还吓到了小 W,连累她也被批评。你觉得,你要对小 W 说什么?

生 1:对不起。

师:除了她,还有呢?

生 1:还有老师和全班同学。

师:小 W,如果以后再遇到这样突发的情况,你可以先和小 N 轻轻地说一声,相信他也是能理解的。

【评析】

此案例中的孩子都处于对自我领地占有意识较强的年龄阶段。该教师用劝解的语气指导学生遇事不着急,同学之间的矛盾也是可以好好说的,有效解决了两位同学之间的矛盾。

练 习

如果你们班两位小朋友经常会因为一些小事吵架打架,你会怎么劝解他们呢?

第八节　应急语

　　学生之间、班级之间、师生之间常常会因某些诱因而引发较大的突发事件。此时,教师必须保持清醒的头脑,灵活机敏地临场应对处理,快速有效地运用包括语言在内的手段来抑制乃至平息事态的发展。应急语就是这种情况下使用的语言手段。

　　首先,使用应急语应注意"恩威并重"。当事态有可能继续发展和扩大时,教师必须采取有力措施,对于一些盲目冲动的带头学生以及跟着瞎起哄、凑热闹的学生要提出严正警告,用果断的话语及时遏制冲突,制止事态发展;对于安分守己的学生则要注意温言安抚,使其保持情绪稳定,心态平和。

　　其次,使用应急语应注意及时唤醒对方的理智,达到使其冷静、促其收敛的效果。面对突发性的意外事件,教师要及时向学生进行理性的事态研判,给学生分析利害、晓以道理,明确预警事态发展的后果,引导他们从长远角度想问题,使学生感受到老师对自己的关爱和保护,恢复理智思考,从而有效抑制住事态的扩大化。

【案例】

　　三年级 6 班一位特殊的小朋友在美术课上突然撑起了一把伞,拿着伞在教室里跑来跑去,很多同学深受其影响,纷纷举手向老师报告,教室里乱成了一锅粥。美术老师拉住该学生,指导班长收好伞,平息教室纷乱。

　　师:小 M,你收好伞,去喊班主任老师过来。其他同学坐端正,继续画画。

　　说完带着这位特殊的学生到教室外,先平复他的心情,等待班主任老师的到来。

【评析】

　　显然,在这个班,这位特殊的学生不是第一次做这样的事情了,该老师见状,立马安排好三类学生。一是针对这位特殊的学生,立马阻止他的行为以免伤害其他人;二是安排班长收好雨伞,找班主任老师来;三是要求其他学生归位,继续学习。对于这一场闹剧来说,这无疑是最好的安排。

练习

　　如果课堂教学中一个学生突然掀翻课桌,大喊大叫,你会怎么做?

附　录

附录一：鼻韵母 an 和 ang、en 和 eng、 in 和 ing 对照辨音字表

备注：表中的数字表示声调，① 是阴平，② 是阳平，③ 是上声，④ 是去声。

an 和 ang 对照辨音字表

	an	ang
╳	① 安桉氨鞍庵鹌谙　③ 俺铵　④ 岸按案胺暗黯	① 肮　② 昂　④ 盎
b	① 扳颁班斑般搬　③ 阪坂板版钣舨 ④ 办半伴拌绊扮瓣	① 邦帮梆浜　③ 绑榜膀　④ 蚌棒傍谤磅镑
p	① 番潘攀　② 爿胖盘磐蟠蹒　④ 判叛 畔拚盼襻	① 乒滂膀　② 庞旁膀磅螃　③ 榜 ④ 胖
m	② 埋蛮谩蔓馒鳗瞒　③ 满螨　④ 曼谩 蔓幔慢漫	② 邙芒忙盲氓茫硭　③ 莽蟒
f	① 帆番蕃幡藩翻　② 凡矾钒烦蕃樊繁 ③ 反返　④ 犯范饭贩泛梵	① 方坊芳　② 防坊妨肪房鲂　③ 仿访 纺舫　④ 放
d	① 丹担单郸殚眈耽　③ 胆疸掸　④ 石 旦但担诞淡惮弹蛋氮澹	① 当铛裆　③ 挡党谠　④ 当挡档凼砀 荡宕
t	① 坍贪摊滩瘫　② 坛昙谈郯痰弹覃谭 潭檀　③ 忐坦钽袒毯　④ 叹炭碳探	① 汤铴镗　② 唐塘搪溏瑭糖堂樘膛螳 棠　③ 倘惝淌躺傥　④ 烫趟
n	① 囡　② 男南喃楠难　③ 腩蝻 ④ 难	① 囊囔　② 囊馕　③ 攮
l	② 兰拦栏岚婪谰阑澜蓝褴篮　③ 览揽 缆榄懒　④ 烂滥	① 啷　② 郎廊榔螂狼琅锒　③ 朗 ④ 浪

(续表)

	an	ang
g	① 干杆肝竿甘泔柑尴 ③ 杆秆赶擀敢橄感 ④ 干赣	① 冈刚纲钢扛肛缸罡 ③ 岗港 ④ 杠钢戆
k	① 刊看堪 ③ 坎砍侃槛 ④ 看阚瞰	① 康慷糠 ② 扛 ④ 亢伉抗炕钪
h	① 鼾酣憨 ② 邗汗邯含晗函涵韩寒 ③ 罕喊 ④ 汉汗旱捍悍焊颔翰瀚撼憾	① 夯 ② 行吭杭航 ④ 巷
zh	① 占沾毡粘旃詹谵瞻 ③ 斩崭盏展搌辗 ④ 占战站栈绽湛颤蘸	① 张章彰獐漳樟蟑 ③ 长涨掌 ④ 丈仗杖账帐涨障瘴
ch	① 掺搀 ② 单婵禅蝉谗馋孱潺缠廛澶蟾 ③ 产铲谄阐 ④ 忏颤	① 昌菖猖娼鲳 ② 长苌肠尝偿徜常嫦 ③ 厂场昶惝敞 ④ 怅畅倡唱
sh	① 山舢芟杉钐衫删姗珊栅跚苫扇煽膻 ③ 闪陕 ④ 讪汕疝苫钐单掸禅扇骟善缮膳擅赡蟮	① 伤殇商墒 ③ 上垧晌赏 ④ 上尚绱
r	② 蚺然燃 ③ 冉苒染	① 嚷 ② 瓤 ③ 壤攘嚷 ④ 让
z	① 糌簪 ② 咱 ③ 攒 ④ 暂錾赞瓒	① 赃脏臧 ③ 驵 ④ 脏奘葬藏
c	① 参骖餐 ② 残蚕惭 ③ 惨 ④ 灿孱璨	① 仓苍沧舱 ② 藏
s	① 三叁 ③ 伞散馓糁 ④ 散	① 丧桑 ③ 搡嗓 ④ 丧

en 和 eng 对照辨音字表

	en	eng
✕	① 恩 ④ 摁	① 鞥
b	① 奔贲 ③ 本苯 ④ 笨	① 崩 ③ 甭 ④ 绷 ④ 迸蹦泵
p	① 喷 ② 盆 ④ 喷	① 烹 ② 朋棚硼鹏彭澎膨 ③ 捧 ④ 碰
m	① 闷 ② 门们扪 ④ 闷焖	① 蒙 ② 萌盟蒙濛檬朦艨 ③ 猛锰蜢艋蒙 ④ 梦孟
f	① 分芬纷吩氛酚 ② 坟焚汾 ③ 粉 ④ 分份忿奋粪愤	① 风枫疯峰烽蜂锋丰封 ② 逢缝冯 ③ 讽 ④ 奉俸凤缝
d	④ 扽	① 登灯 ③ 等 ④ 邓磴镫瞪

（续表）

	en	eng
t		② 疼腾誊滕藤
n	④ 嫩	② 能
l		① 棱 ③ 冷 ④ 楞
g	① 根跟 ② 哏 ④ 艮	① 耕庚赓羹更 ③ 耿埂哽绠梗鲠 ④ 更
k	③ 肯啃垦恳 ④ 裉	① 坑
h	② 痕 ③ 很狠 ④ 恨	① 亨哼 ② 横衡恒
zh	① 真贞侦祯针珍胗斟 ③ 诊疹枕缜 ④ 振赈震阵	① 争挣峥狰铮筝睁正佂征症蒸 ③ 整拯 ④ 正政证症郑净
ch	① 嗔抻 ② 辰宸晨沉忱陈臣尘 ③ 碜 ④ 衬趁称	① 称撑 ② 成城诚盛承呈程澄橙乘丞 ③ 逞骋 ④ 秤
sh	① 申伸呻绅砷身深娠 ② 神 ③ 沈审婶 ④ 甚慎肾渗蜃	① 生性笙甥升声 ② 绳 ③ 省 ④ 胜圣盛剩
r	② 人仁壬 ③ 忍荏 ④ 任饪妊衽认刃纫韧轫	① 扔 ② 仍
z	③ 怎	① 曾增憎缯 ④ 赠
c	① 参 ② 岑	② 曾嶒层 ④ 蹭
s	森	① 僧

in 和 ing 对照辨音字表

	in	ing
×	① 因洇茵姻氤殷音阴荫 ② 垠银龈吟寅淫鄞 ③ 引蚓隐瘾饮尹 ④ 印荫	① 英瑛媖锳应莺鹰膺婴缨撄嘤樱鹦鹭 ② 荧莹萤营蝇盈迎赢 ③ 影颖 ④ 映硬应
b	① 宾傧滨缤槟镔彬 ④ 摈殡鬓	① 兵冰 ③ 丙柄炳秉饼禀 ④ 病并
p	① 拼 ② 贫频嫔 ③ 品 ④ 聘	① 乒 ② 平评坪苹坪枰屏瓶凭
m	② 民 ③ 敏皿闽悯泯	② 名茗铭明鸣冥溟暝瞑螟 ③ 酩 ④ 命
d		① 丁叮仃钉疔町 ③ 顶鼎 ④ 定锭碇腚订

（续表）

	in	ing
t		① 听厅汀　② 亭停婷廷庭蜓霆　③ 挺艇铤梃
n	② 您	② 宁咛狞柠凝　③ 拧　④ 宁泞佞
l	② 林淋琳霖邻粼遴嶙辚磷鳞麟　③ 凛凛檩　④ 吝赁蔺	② 灵伶泠苓瓴翎玲铃蛉零龄凌陵菱绫棱　③ 岭领　④ 另令
j	① 今衿矜斤巾津襟筋　③ 紧锦仅谨馑瑾槿　④ 妗尽烬浕觐近晋缙禁噤浸	① 京惊鲸茎泾菁晴精晶荆兢粳　③ 景颈井警儆　④ 敬竞竟境镜净靖静径劲胫痉
q	① 衾亲侵钦　② 芩琴芹秦禽擒噙勤　③ 寝　④ 沁	① 氢轻青清蜻倾卿　② 情晴擎　③ 顷请　④ 庆亲
x	① 忻昕炘欣新薪辛莘锌心馨　④ 信衅	① 星猩腥兴　② 形刑邢型行　③ 省醒　④ 幸姓性杏兴

附录二：前后鼻音韵母类推字表

en	en 类推字
贲	贲喷（～泉）喷（～香）愤
本	本苯笨
参	参（～差）参（人～）渗
辰	辰晨振赈震娠蜃
分	分（～析）芬吩纷氛汾葐粉分（～内）份忿盆
艮	艮茛根跟垦痕很狠恨
肯	肯啃
门	门们（图～江）扪闷（～热）闷（～～不乐）焖们（我～）
壬	壬任（姓～）荏任（～务）饪妊
申	申伸呻绅砷神审婶
刃	刃仞纫韧忍

en	en类推字
甚	甚葚斟
珍	珍诊疹趁
贞	贞侦祯桢帧
真	真缜镇嗔慎
枕	枕忱沈
in	in类推字
宾	宾傧滨缤摈殡鬓嫔[例外:槟(～榔)]
今	今衿矜妗衾琴吟
斤	斤近靳芹欣新薪
禁	禁(～受)襟禁(～止)
尽	尽(～管)尽(～力)烬
堇	堇谨馑勤鄞
林	林淋琳霖
磷	磷鳞嶙
民	民岷泯抿
侵	侵寝浸
禽	禽擒噙
心	心芯(灯～)芯(～子)沁
辛	辛莘(～庄)锌亲[例外:亲(～家)]
因	因茵姻氤(～氲)
阴	阴荫
ün	ün类推字
云	云耘芸纭运酝
俊	俊骏浚峻竣
群	群裙
旬	旬询荀洵恂殉徇

(续表)

ün	ün 类推字
迅	迅讯汛
训	训驯
uen	uen 类推字
文	文蚊纹炆雯紊汶
温	温瘟
仑	仑抡沦轮伦纶论
屯	屯吨盹炖钝顿囤
昆	昆棍混
寸	寸村忖
ang	ang 类推字
邦	邦帮梆绑
旁	旁磅(～礴)膀(～胱)膀(～肿)榜膀(～子)
仓	仓沧苍舱创枪抢
长	长(～短)伥(为虎作～)怅张涨长(生～)帐胀
肠	肠场(赶～)场(会～)畅荡汤(菜～)烫殇觞汤(～～)扬杨
当	当(～时)挡档当(～铺)
方	方芳房坊防妨(～害)访仿纺放
缸	缸杠江扛项
亢	亢抗伉杭吭(引～高歌)航沆
荒	荒慌谎
良	良娘郎狼廊朗浪
桑	桑搡嗓
上	上(～下)上(～声)让
尚	尚赏裳党常嫦倘敞趟堂棠倘淌躺掌
王	王(姓～)汪枉旺王(～天下)筐狂逛
亡	亡忘望妄忙盲茫氓(流～)

(续表)

ang	ang 类推字
相	相箱想霜
羊	羊洋养氧样详祥翔
eng	eng 类推字
成	成诚城盛(~东西)盛(~会)
呈	呈程逞
乘	乘(~法)乘(史~)剩
丞	丞蒸拯
登	登凳澄(把水~清)瞪澄(~清)
风	风枫疯讽
峰	峰烽蜂逢缝(~衣)缝(门~)蓬篷
奉	奉俸捧
更	更(~正)埂梗更(~加)(例外:便)
享	享哼烹
塄	塄楞愣
蒙	蒙(~骗)蒙(~蔽)檬朦蒙(内~)
孟	孟猛蜢
彭	彭澎膨
朋	朋棚鹏崩绷(~带)绷(~着脸)蹦绷(~硬)
生	生牲甥笙胜
誊	誊腾滕藤
曾	曾(姓~)憎增缯赠曾(~经)蹭憎
正	正(~月)怔征整正(~义)证政症惩
争	争挣(~扎)峥狰睁筝诤挣(~脱)
ing	ing 类推字
丙	丙炳柄病
并	并饼屏(~除)瓶屏(~风)迸(例外:拼姘骈胼)

（续表）

ing	ing 类推字
丁	丁仃盯钉（～子）顶酊（酩～）订钉（～钉子）厅汀
定	定腚碇
京	京惊鲸黥
茎	茎泾经刭颈劲（～敌）胫径轻氢
景	景憬影
敬	敬警擎
令	令苓玲铃聆龄岭领令（命～）（例外:拎邻）
名	名铭酩
冥	冥溟螟瞑
宁	宁拧（～手巾）咛狞柠拧（～螺丝）宁（～可）泞拧（～脾气）
平	平评苹坪萍
青	青清蜻情晴请菁睛精靖静
廷	廷庭蜓霆艇挺
亭	亭停婷
刑	刑邢形型荆
英	英瑛
营	营荧莹萤萦莺
婴	婴樱鹦缨
ong	ong 类推字
东	东冻栋
董	董懂
同	同桐铜侗恫
通	通捅桶痛
农	农侬浓哝脓
龙	龙咙珑胧聋笼垄拢
工	工攻功巩汞贡空（天～）恐空（～白）控红虹鸿讧

（续表）

ong	ong 类推字
共	共供恭龚拱供烘烘洪哄
中	中(～间)忠盅钟衷肿种(～子)中(～奖)仲种(～花)冲(～动)冲(～床)
容	容蓉溶榕熔
宗	宗综棕踪鬃粽淙
从	从丛纵丛耸
公	公蚣松忪讼颂
用	用佣拥痈庸
永	永咏泳
甬	甬俑勇涌恿蛹踊
凶	凶匈汹胸
ueng	ueng 类推字
翁	翁嗡蓊瓮

附录三：普通话水平测试用必读轻声词语表

1. 本表根据《普通话水平测试用普通话词语表》编制。

2. 本表共收词 548 条(其中"子"尾词 207 条)，按汉语拼音字母顺序排列。

3. 条目中的非轻声音节只标本调，不标变调；条目中的轻声音节，注音不标调号，如"明白 míngbai"。

爱人 àiren	班子 bānzi	包袱 bāofu
案子 ànzi	板子 bǎnzi	包涵 bāohan
巴掌 bāzhang	帮手 bāngshou	包子 bāozi
把子 bǎzi	梆子 bāngzi	豹子 bàozi
把子 bàzi	膀子 bǎngzi	杯子 bēizi
爸爸 bàba	棒槌 bàngchui	被子 bèizi
白净 báijing	棒子 bàngzi	本事 běnshi

本子 běnzi	窗户 chuānghu	地方 dìfang
鼻子 bízi	窗子 chuāngzi	弟弟 dìdi
比方 bǐfang	锤子 chuízi	弟兄 dìxiong
鞭子 biānzi	刺猬 cìwei	点心 diǎnxin
扁担 biǎndan	凑合 còuhe	调子 diàozi
辫子 biànzi	村子 cūnzi	钉子 dīngzi
别扭 bièniu	耷拉 dāla	东家 dōngjia
饼子 bǐngzi	答应 dāying	东西 dōngxi
拨弄 bōnong	打扮 dǎban	动静 dòngjing
脖子 bózi	打点 dǎdian	动弹 dòngtan
簸箕 bòji	打发 dǎfa	豆腐 dòufu
补丁 bǔding	打量 dǎliang	豆子 dòuzi
不由得 bùyóude	打算 dǎsuan	嘟囔 dūnang
不在乎 bùzàihu	打听 dǎting	肚子 dǔzi
步子 bùzi	大方 dàfang	肚子 dùzi
部分 bùfen	大爷 dàye	缎子 duànzi
财主 cáizhu	大夫 dàifu	队伍 duìwu
裁缝 cáifeng	带子 dàizi	对付 duìfu
苍蝇 cāngying	袋子 dàizi	对头 duìtou
差事 chāishi	耽搁 dānge	多么 duōme
柴禾 cháihuo	耽误 dānwu	蛾子 ézi
池子 chízi	单子 dānzi	儿子 érzi
肠子 chángzi	胆子 dǎnzi	耳朵 ěrduo
厂子 chǎngzi	担子 dànzi	贩子 fànzi
车子 chēzi	刀子 dāozi	房子 fángzi
场子 chǎngzi	道士 dàoshi	废物 fèiwu
称呼 chēnghu	稻子 dàozi	份子 fènzi
尺子 chǐzi	灯笼 dēnglong	风筝 fēngzheng
虫子 chóngzi	凳子 dèngzi	疯子 fēngzi
绸子 chóuzi	提防 dīfang	福气 fúqi
除了 chúle	笛子 dízi	斧子 fǔzi
锄头 chútou	底子 dǐzi	盖子 gàizi
畜生 chùsheng	地道 dìdao	甘庶 gānzhe

杆子 gānzi	规矩 guīju	记性 jìxing
杆子 gǎnzi	闺女 guīnü	夹子 jiāzi
干事 gànshi	鬼子 guǐzi	家伙 jiāhuo
杠子 gàngzi	柜子 guìzi	架势 jiàshi
高粱 gāoliang	棍子 gùnzi	架子 jiàzi
膏药 gāoyao	锅子 guōzi	嫁妆 jiàzhuang
稿子 gǎozi	果子 guǒzi	尖子 jiānzi
告诉 gàosu	蛤蟆 háma	茧子 jiǎnzi
疙瘩 gēda	孩子 háizi	剪子 jiǎnzi
哥哥 gēge	含糊 hánhu	见识 jiànshi
胳膊 gēbo	汉子 hànzi	键子 jiànzi
鸽子 gēzi	行当 hángdang	将就 jiāngjiu
格子 gézi	合同 hétong	交情 jiāoqing
个子 gèzi	和尚 héshang	饺子 jiǎozi
根子 gēnzi	核桃 hétao	叫唤 jiàohuan
跟头 gēntou	盒子 hézi	轿子 jiàozi
工夫 gōngfu	红火 hónghuo	结实 jiēshi
弓子 gōngzi	猴子 hóuzi	街坊 jiēfang
公公 gōnggong	后头 hòutou	姐夫 jiěfu
功夫 gōngfu	厚道 hòudao	姐姐 jiějie
钩子 gōuzi	狐狸 húli	戒指 jièzhi
姑姑 gūgu	胡萝卜 húluóbo	金子 jīnzi
姑娘 gūniang	胡琴 húqin	精神 jīngshen
谷子 gǔzi	糊涂 hútu	镜子 jìngzi
骨头 gǔtou	护士 hùshi	舅舅 jiùjiu
故事 gùshi	皇上 huángshang	橘子 júzi
寡妇 guǎfu	幌子 huǎngzi	句子 jùzi
褂子 guàzi	活泼 huópo	卷子 juànzi
怪物 guàiwu	火候 huǒhou	咳嗽 késou
关系 guānxi	伙计 huǒji	客气 kèqi
官司 guānsi	机灵 jīling	空子 kòngzi
罐头 guàntou	脊梁 jǐliang	口袋 kǒudai
罐子 guànzi	记号 jìhao	口子 kǒuzi

扣子 kòuzi　　　　凉快 liángkuai　　　　面子 miànzi

窟窿 kūlong　　　　粮食 liángshi　　　　苗条 miáotiao

裤子 kùzi　　　　　料子 liàozi　　　　　苗头 miáotou

快活 kuàihuo　　　两口子 liǎngkǒuzi　　名堂 míngtang

筷子 kuàizi　　　　翎子 língzi　　　　　名字 míngzi

框子 kuàngzi　　　领子 lǐngzi　　　　　明白 míngbai

困难 kùnnan　　　　溜达 liūda　　　　　蘑菇 mógu

阔气 kuòqi　　　　　聋子 lóngzi　　　　　模糊 móhu

喇叭 lǎba　　　　　笼子 lóngzi　　　　　木匠 mùjiang

喇嘛 lǎma　　　　　炉子 lúzi　　　　　　木头 mùtou

篮子 lánzi　　　　　路子 lùzi　　　　　　那么 nàme

懒得 lǎnde　　　　　轮子 lúnzi　　　　　奶奶 nǎinai

浪头 làngtou　　　　萝卜 luóbo　　　　　难为 nánwei

老婆 lǎopo　　　　　骡子 luózi　　　　　脑袋 nǎodai

老实 lǎoshi　　　　骆驼 luòtuo　　　　　脑子 nǎozi

老太太 lǎotàitai　　妈妈 māma　　　　　能耐 néngnai

老头子 lǎotóuzi　　麻烦 máfan　　　　　你们 nǐmen

老爷 lǎoye　　　　　麻利 máli　　　　　念叨 niàndao

老子 lǎozi　　　　　麻子 mázi　　　　　念头 niàntou

姥姥 lǎolao　　　　马虎 mǎhu　　　　　娘家 niángjia

累赘 léizhui　　　　码头 mǎtou　　　　　镊子 nièzi

篱笆 líba　　　　　买卖 mǎimai　　　　奴才 núcai

里头 lǐtou　　　　　麦子 màizi　　　　　女婿 nǚxu

力气 lìqi　　　　　馒头 mántou　　　　暖和 nuǎnhuo

厉害 lìhai　　　　　忙活 mánghuo　　　疟疾 nüèji

利落 lìluo　　　　　冒失 màoshi　　　　拍子 pāizi

利索 lìsuo　　　　　帽子 màozi　　　　牌楼 páilou

例子 lìzi　　　　　眉毛 méimao　　　　牌子 páizi

栗子 lìzi　　　　　媒人 méiren　　　　盘算 pánsuan

痢疾 lìji　　　　　妹妹 mèimei　　　　盘子 bánzi

连累 liánlei　　　　门道 méndao　　　　胖子 pàngzi

帘子 liánzi　　　　眯缝 mīfeng　　　　狍子 páozi

林子 línzi　　　　　迷糊 míhu　　　　　盆子 pénzi

朋友 péngyou	褥子 rùzi	使唤 shǐhuan
棚子 péngzi	塞子 sāizi	世故 shìgu
脾气 píqi	嗓子 sǎngzi	似的 shìde
皮子 pízi	嫂子 sǎozi	事情 shìqing
痞子 pǐzi	扫帚 sàozhou	柿子 shìzi
屁股 pìgu	沙子 shāzi	收成 shōucheng
片子 piānzi	傻子 shǎzi	收拾 shōushi
便宜 piányi	扇子 shànzi	首饰 shǒushi
骗子 piànzi	商量 shāngliang	叔叔 shūshu
票子 piàozi	晌午 shǎngwu	梳子 shūzi
漂亮 piàoliang	上司 shàngsi	舒服 shūfu
瓶子 píngzi	上头 shàngtou	舒坦 shūtan
婆家 pójia	烧饼 shāobing	疏忽 shūhu
婆婆 pópo	勺子 sháozi	爽快 shuǎngkuai
铺盖 pūgai	少爷 shàoye	思量 sīliang
欺负 qīfu	哨子 shàozi	算计 suànji
旗子 qízi	舌头 shétou	岁数 suìshu
前头 qiántou	身子 shēnzi	孙子 sūnzi
钳子 qiánzi	什么 shénme	他们 tāmen
茄子 qiézi	婶子 shěnzi	它们 tāmen
亲戚 qīnqi	生意 shēngyi	她们 tāmen
勤快 qínkuai	牲口 shēngkou	台子 táizi
清楚 qīngchu	绳子 shéngzi	太太 tàitai
亲家 qìngjia	师父 shīfu	摊子 tānzi
曲子 qǔzi	师傅 shīfu	坛子 tánzi
圈子 quānzi	虱子 shīzi	毯子 tǎnzi
拳头 quántou	狮子 shīzi	桃子 táozi
裙子 qúnzi	石匠 shíjiang	特务 tèwu
热闹 rènao	石榴 shíliu	梯子 tīzi
人家 rénjia	石头 shítou	蹄子 tízi
人们 rénmen	时候 shíhou	挑剔 tiāoti
认识 rènshi	实在 shízai	挑子 tiāozi
日子 rìzi	拾掇 shíduo	条子 tiáozi

跳蚤 tiàozao	小伙子 xiǎohuǒzi	椰子 yēzi
铁匠 tiějiang	小气 xiǎoqi	爷爷 yéye
亭子 tíngzi	小子 xiǎozi	叶子 yèzi
头发 tóufa	笑话 xiàohua	一辈子 yībèizi
头子 tóuzi	谢谢 xièxie	衣服 yīfu
兔子 tùzi	心思 xīnsi	衣裳 yīshang
妥当 tuǒdang	相声 xiàngsheng	椅子 yǐzi
唾沫 tuòmo	星星 xīngxing	意思 yìsi
挖苦 wāku	猩猩 xīngxing	银子 yínzi
娃娃 wáwa	行李 xíngli	影子 yǐngzi
袜子 wàzi	性子 xìngzi	应酬 yìngchou
晚上 wǎnshang	兄弟 xiōngdi	柚子 yòuzi
尾巴 wěiba	休息 xiūxi	冤枉 yuānwang
委屈 wěiqu	秀才 xiùcai	院子 yuànzi
为了 wèile	秀气 xiùqi	月饼 yuèbing
位置 wèizhi	袖子 xiùzi	月亮 yuèliang
位子 wèizi	靴子 xuēzi	云彩 yúncai
蚊子 wénzi	学生 xuésheng	运气 yùnqi
稳当 wěndang	学问 xuéwen	在乎 zàihu
我们 wǒmen	丫头 yātou	咱们 zánmen
屋子 wūzi	鸭子 yāzi	早上 zǎoshang
稀罕 xīhan	衙门 yámen	怎么 zěnme
席子 xízi	哑巴 yǎba	扎实 zhāshi
媳妇 xífu	胭脂 yānzhi	眨巴 zhǎba
喜欢 xǐhuan	烟筒 yāntong	栅栏 zhàlan
瞎子 xiāzi	眼睛 yǎnjing	宅子 zháizi
匣子 xiázi	燕子 yànzi	寨子 zhàizi
下巴 xiàba	秧歌 yāngge	张罗 zhāngluo
吓唬 xiàhu	养活 yǎnghuo	这么 zhème
先生 xiānsheng	样子 yàngzi	丈夫 zhàngfu
消息 xiāoxi	吆喝 yāohe	芝麻 zhīma
乡下 xiāngxia	妖精 yāojing	帐篷 zhàngpeng
箱子 xiāngzi	钥匙 yàoshi	丈人 zhàngren

帐子 zhàngzi	珠子 zhūzi	桌子 zhuōzi
招呼 zhāohu	竹子 zhúzi	字号 zìhao
招牌 zhāopai	主子 zhǔzi	自在 zìzai
折腾 zhēteng	柱子 zhùzi	粽子 zòngzi
这个 zhège	爪子 zhuǎzi	祖宗 zǔzong
枕头 zhěntou	转悠 zhuànyou	嘴巴 zuǐba
镇子 zhènzi	庄稼 zhuāngjia	作坊 zuōfang
知识 zhīshi	壮实 zhuàngshi	指头 zhǐtou(zhítou)
侄子 zhízi	主意 zhǔyi(zhúyi)	状元 zhuàngyuan
指甲 zhǐjia(zhījia)	庄子 zhuāngzi	琢磨 zuómo
种子 zhǒngzi	锥子 zhuīzi	

附录四：普通话水平测试用儿化词语表

1. 本表参照《普通话水平测试用普通话词语表》及《现代汉语词典》编制。加＊的是以上二者未收，根据测试需要而酌增的条目。

2. 本表仅供普通话水平测试第二项——读多音节词语（100 个音节）测试使用。本表儿化音节，在书面上一律加"儿"，但并不表明所列词语在任何语用场合都必须儿化。

3. 本表共收词 189 条，按儿化韵母的汉语拼音字母顺序排列。

4. 本表列出的儿化音节的注音只在基本形式后面加 r，如"一会儿 yīhuìr"，不标语音上的实际变化。

刀把儿 dāobàr	小孩儿 xiǎoháir	笔杆儿 bǐgǎnr
号码儿 hàomǎr	加塞儿 jiāsāir	门槛儿 ménkǎnr
戏法儿 xìfǎr	快板儿 kuàibǎnr	药方儿 yàofāngr
在哪儿 zàinǎr	老伴儿 lǎobànr	赶趟儿 gǎntàngr
找茬儿 zhǎochár	蒜瓣儿 suànbànr	香肠儿 xiāngchángr
打杂儿 dǎzár	脸盘儿 liǎnpánr	瓜瓤儿 guāróngr
板擦儿 bǎncār	脸蛋儿 liǎndànr	掉价儿 diàojiàr
名牌儿 míngpáir	收摊儿 shōutānr	一下儿 yīxiàr
鞋带儿 xiédàir	栅栏儿 zhàlanr	豆芽儿 dòuyár
壶盖儿 húgàir	包干儿 bāogānr	小辫儿 xiǎobiànr

扇面儿 shànmiànr	刀背儿 dāobèir	墨水儿 mòshuǐr
差点儿 chàdiǎnr	出圈儿 chūquānr	围嘴儿 wéizuǐr
一点儿 yīdiǎnr	包圆儿 bāoyuánr	走味儿 zǒuwèir
雨点儿 yǔdiǎnr	老本儿 lǎoběnr	打盹儿 dǎdǔnr
聊天儿 liáotiānr	人缘儿 rényuánr	钢镚儿 gāngbèngr
照片儿 zhàopiānr	绕远儿 ràoyuǎnr	胖墩儿 pàngdūnr
拉链儿 lāliànr	杂院儿 záyuànr	砂轮儿 shālúnr
冒尖儿 màojiānr	天窗儿 tiānchuāngr	冰棍儿 bīnggùnr
坎肩儿 kǎnjiānr	摸黑儿 mōhēir	没准儿 méizhǔnr
牙签儿 yáqiānr	花盆儿 huāpénr	开春儿 kāichūnr
露馅儿 lòuxiànr	嗓门儿 sǎngménr	* 小瓮儿 xiǎowèngr
心眼儿 xīnyǎnr	把门儿 bǎménr	瓜子儿 guāzǐr
鼻梁儿 bíliángr	哥们儿 gēmenr	石子儿 shízǐr
透亮儿 tòuliàngr	纳闷儿 nàmènr	没词儿 méicír
花样儿 huāyàngr	后跟儿 hòugēnr	挑刺儿 tiāocìr
脑瓜儿 nǎoguār	别针儿 biézhēnr	墨汁儿 mòzhīr
大褂儿 dàguàr	一阵儿 yīzhènr	锯齿儿 jùchǐr
麻花儿 máhuār	走神儿 zǒushénr	记事儿 jìshìr
笑话儿 xiàohuar	大婶儿 dàshěnr	针鼻儿 zhēnbír
牙刷儿 yáshuār	杏仁儿 xìngrénr	垫底儿 diàndǐr
一块儿 yīkuàir	刀刃儿 dāorènr	肚脐儿 dùqír
茶馆儿 cháguǎnr	夹缝儿 jiāfèngr	玩意儿 wányìr
饭馆儿 fànguǎnr	脖颈儿 bógěngr	有劲儿 yǒujìnr
火罐儿 huǒguànr	提成儿 tíchéngr	送信儿 sòngxìnr
落款儿 luòkuǎnr	半截儿 bànjiér	脚印儿 jiǎoyìnr
打转儿 dǎzhuànr	小鞋儿 xiǎoxiér	花瓶儿 huāpíngr
拐弯儿 guǎiwānr	高跟儿鞋 gāogēnrxié	打鸣儿 dǎmíngr
好玩儿 hǎowánr	主角儿 zhǔjuér	图钉儿 túdīngr
大腕儿 dàwànr	旦角儿 dànjuér	门铃儿 ménlíngr
蛋黄儿 dànhuángr	小人儿书 xiǎorénrshū	眼镜儿 yǎnjìngr
打晃儿 dǎhuàngr	跑腿儿 pǎotuǐr	蛋清儿 dànqīngr
烟卷儿 yānjuǎnr	一会儿 yīhuìr	火星儿 huǒxīngr
手绢儿 shǒujuànr	耳垂儿 ěrchuír	人影儿 rényǐngr

毛驴儿 máolǘr　　　　抽空儿 chōukòngr　　　　衣兜儿 yīdōur

小曲儿 xiǎoqǔr　　　　酒盅儿 jiǔzhōngr　　　　老头儿 lǎotóur

痰盂儿 tányúr　　　　　小葱儿 xiǎocōngr　　　　年头儿 niántóur

合群儿 héqúnr　　　　*小熊儿 xiǎoxióngr　　　　小偷儿 xiǎotōur

模特儿 mótèr　　　　　红包儿 hóngbāor　　　　　门口儿 ménkǒur

逗乐儿 dòulèr　　　　　灯泡儿 dēngpàor　　　　　纽扣儿 niǔkòur

唱歌儿 chànggēr　　　　半道儿 bàndàor　　　　　线轴儿 xiànzhóur

挨个儿 āigèr　　　　　手套儿 shǒutàor　　　　　小丑儿 xiǎochǒur

打嗝儿 dǎgér　　　　　跳高儿 tiàogāor　　　　　顶牛儿 dǐngniúr

饭盒儿 fànhér　　　　　叫好儿 jiàohǎor　　　　　抓阄儿 zhuājiūr

在这儿 zàizhèr　　　　口罩儿 kǒuzhàor　　　　　棉球儿 miánqiúr

碎步儿 suìbùr　　　　　绝着儿 juézhāor　　　　　加油儿 jiāyóur

没谱儿 méipǔr　　　　　口哨儿 kǒushàor　　　　　火锅儿 huǒguōr

儿媳妇儿 érxífur　　　　蜜枣儿 mìzǎor　　　　　做活儿 zuòhuór

梨核儿 líhúr　　　　　鱼漂儿 yúpiāor　　　　　大伙儿 dàhuǒr

泪珠儿 lèizhūr　　　　　火苗儿 huǒmiáor　　　　　邮戳儿 yóuchuōr

有数儿 yǒushùr　　　　跑调儿 pǎodiàor　　　　　小说儿 xiǎoshuōr

果冻儿 guǒdòngr　　　　面条儿 miàntiáor　　　　　被窝儿 bèiwōr

门洞儿 méndòngr　　　　豆角儿 dòujiǎor　　　　　耳膜儿 ěrmór

胡同儿 hútòngr　　　　开窍儿 kāiqiàor　　　　　粉末儿 fěnmòr